本书得到 2013 年度国家社科基金青年项目"隐藏索引词理论前沿研究"（项目批准号：13CZX053）；2015 年度华中科技大学文科学术著作出版项目；2017 年度华中科技大学文科"双一流"建设（人文社科青年教师学术导师）项目资助

未述成分意义研究

On the Meaning of Unarticulated Constituents

张瑛 著

中国社会科学出版社

图书在版编目（CIP）数据

未述成分意义研究 / 张瑛著 . —北京：中国社会科学出版社，2020.8
ISBN 978 – 7 – 5203 – 7067 – 7

Ⅰ. ①未… Ⅱ. ①张… Ⅲ. ①索引方法—研究 Ⅳ. ①G254.92

中国版本图书馆 CIP 数据核字(2020)第 158269 号

出 版 人	赵剑英
责任编辑	刘晓红
责任校对	周晓东
责任印制	戴　宽

出　　版	中国社会科学出版社
社　　址	北京鼓楼西大街甲 158 号
邮　　编	100720
网　　址	http：//www.csspw.cn
发 行 部	010 – 84083685
门 市 部	010 – 84029450
经　　销	新华书店及其他书店
印刷装订	北京市十月印刷有限公司
版　　次	2020 年 8 月第 1 版
印　　次	2020 年 8 月第 1 次印刷
开　　本	710×1000　1/16
印　　张	11.5
插　　页	2
字　　数	97 千字
定　　价	68.00 元

凡购买中国社会科学出版社图书，如有质量问题请与本社营销中心联系调换
电话：010 – 84083683
版权所有　侵权必究

序

　　西方语言哲学家们分别从专名、摹状词、连词、索引词等不同角度探讨了表达式的意义问题。其中，卡普兰的二维语义论被看作经典的索引词理论。自卡普兰以来，围绕索引词的讨论日益增加，并逐渐扩展至隐藏索引词领域。之所以称为隐藏索引词，是因为它们虽然不出现在表面的句法结构中，却构成了命题内容的重要部分。不过，若要将隐藏索引词分析清楚，首先需确定我们的研究对象——未述成分。

　　作为第一个将未述成分引入语言哲学家视野的学者，佩里在其1986年发表的论文《未予表征的思想》中请我们设想这样一个情境：在美国加利福尼亚州帕洛阿尔托周末的清晨，儿子对他说"天在下雨"。虽然下雨的地点（即帕洛阿尔托）并未被言明，但除非佩里将其补全，否则就无法获得一个真值可评价的命题。

围绕未述成分意义的讨论日益激烈,其中涉及的主要问题有:第一,未述成分究竟在何种意义上是未被表征的?第二,这些成分是如何被确定的?第三,包含未述成分的句子所表达的是一个完整的命题吗?第四,如果包含未述成分句子的意义是在语境中确定的,那么这里的语境有几个维度?对这些问题的不同回答构成了不同的未述成分流派。

在未述成分的语义论阵营中,最有影响力的当属变元论和最小论。其中,变元论者不认为气象动词中包含未述成分。在他们看来,下雨的地点是存在于句子实在结构中的隐藏索引词。最小论者既不认为气象动词中包含隐藏索引词,也不认为其中存在未述成分。在他们看来,"天在下雨"是一个地点中立的命题,其字面成真条件并不依赖于具体的地点。

语用论者与语义论者针锋相对,他们认为语义加工进程与语用加工进程彼此融合,影响成真条件的因素并不都是语义层面的。其中,关联论者认为未述成分几乎无处不在,它们是在关联原则的指导下经自由充实和概念调节等语用加工过程而获得的明意。基本字面意义论者不赞同关联论将意义问题全部归结于认知领域的做法。在他们看来,未述成分是通过可选的语用调适过程进入直观成真条件的。含义论者则认为,格赖斯关于所言之义与所隐之意的划分并不完备。我们应将所言之义、所含之义和所隐之意区分开来,而未述成分是经概念填补或语用充实而获得的所含之义。

然而相对论者却指出，语义论与语用论的缺陷在于它们仅强调了使用语境对未述成分敏感性的影响。事实上，未述成分还可能相对于其他参量而敏感。比如，变况相对论者就认为，有些未述成分不仅是语境敏感词，它们还是变况敏感词。评判相对论者则认为，虽然包含敏感词的句子是在使用语境中被说出的，但其外延却是在评判语境中被确定的。因此，未述成分不是变况敏感词，而是评判敏感词。

本书将沿着从隐藏索引词到评判敏感词的路径，对未述成分的意义问题进行系统的分析。全书分为五章，共十四节。第一章阐释了意义问题、索引词之谜及未述成分的研究传统与挑战。第二章至第四章对未述成分的语义论（变元论、最小论）、语用论（关联论、基本字面意义论、含义论）及相对论（变况相对论、评判相对论）进行了详尽的梳理和批判，并指出为什么这些未述成分理论都是不成功的。第五章提出未述成分的二维语义论与二维语用论，并论证该理论是更加合理的未述成分研究框架。

目　　录

第一章　引论 ………………………………………… (1)

　第一节　意义漫谈 ………………………………………… (1)

　　一　意义与成真条件 …………………………………… (2)

　　二　意义与用法 ………………………………………… (3)

　　三　意义与说者意义 …………………………………… (5)

　第二节　索引词：历史与挑战 …………………………… (8)

　　一　特征、指称与内容 ………………………………… (11)

　　二　指示动作与说者意图 ……………………………… (14)

　　三　索引词之谜 ………………………………………… (15)

　第三节　未述成分：问题与流派 ………………………… (17)

　　一　问题的提出 ………………………………………… (18)

　　二　问题的发酵 ………………………………………… (20)

第二章　未述成分的语义论分析 …………………………… (24)

第一节　变元论 …………………………………………… (24)
　　一　逻辑形式 ………………………………………… (25)
　　二　约束论证 ………………………………………… (27)
　　三　量词、域限制变元与语境角色 ………………… (29)
　　四　反驳与回应 ……………………………………… (32)

第二节　最小论 …………………………………………… (39)
　　一　跨语境引用间接转述测试 ……………………… (40)
　　二　共同描述测试 …………………………………… (42)
　　三　跨语境引用测试与实在转换论证 ……………… (43)
　　四　最小语义内容与言语行为内容 ………………… (46)
　　五　反驳与回应 ……………………………………… (48)

第三章　未述成分的语用论分析 …………………………… (56)

第一节　关联论 …………………………………………… (59)
　　一　明意与隐意 ……………………………………… (61)
　　二　关联原则 ………………………………………… (63)
　　三　自由充实与概念调节 …………………………… (65)
　　四　反驳与回应 ……………………………………… (68)

第二节　基本字面意义论 ………………………………… (74)
　　一　意义与语用加工的层次 ………………………… (75)

二　未述成分的种类 …………………………… (77)

　　三　可选论证 ………………………………………… (78)

　　四　拓宽与巩固 …………………………………… (80)

　　五　反驳与回应 …………………………………… (82)

第三节　含义论 ……………………………………………… (88)

　　一　心中意图与指称意图 ……………………… (89)

　　二　言义、含义与隐意 ………………………… (91)

　　三　意图与语境 …………………………………… (94)

　　四　反驳与回应 …………………………………… (95)

第四章　未述成分的相对论分析 …………………… (102)

第一节　变况相对论 …………………………………… (103)

　　一　语境、变况与变址 ………………………… (104)

　　二　无错分歧与自主命题 ……………………… (106)

　　三　认识模态 ……………………………………… (109)

　　四　反驳与回应 …………………………………… (111)

第二节　评判相对论 …………………………………… (117)

　　一　敏感性与索引性 …………………………… (118)

　　二　变况抑或评判语境 ………………………… (121)

　　三　知识归属 ……………………………………… (122)

　　四　反驳与回应 …………………………………… (125)

第五章　未述成分意义的再分析 ……………… (130)

第一节　再论未述成分 ……………… (133)
第二节　二维语义学视域下的未述成分
　　　　　意义分析 ……………… (135)
　　一　量词 ……………… (136)
　　二　比较形容词 ……………… (137)
　　三　知识归属词 ……………… (138)

第三节　二维语用学视域下的未述成分
　　　　　意义分析 ……………… (139)
　　一　量词 ……………… (140)
　　二　比较形容词 ……………… (140)
　　三　知识归属词 ……………… (141)

第四节　结语 ……………… (142)

参考文献 ……………… (146)

英汉术语对照表 ……………… (159)

中西人名对照表 ……………… (171)

后　记 ……………… (174)

第一章　引论

　　语言哲学家就表达式的意义问题进行了漫长而深刻的探究：从弗雷格（G. Frege）对专名"长庚星"和"启明星"之指称（reference）与意义（sense）的区分；到格赖斯（H. P. Grice）通过连词"但是"对所言之义（what is said）与所隐之意（what is implied）的划界；再到卡普兰（D. Kaplan）对索引词"我"之内容（content）与特征（character）的厘定。如今，语言哲学家们又将研究视野扩展至更广阔的领域。

第一节　意 义 漫 谈

　　意义是什么？这确实是一个复杂程度远超想象的难题。或许，我们可以从一个相对简单的问题入手。这个问题是：

下述句子的意义是什么？

（1）雪是白的。

可能的回答是：（1）的意义即它的指称；或者根据组合原则，将"雪"代入谓项"是白的"的意义当中，我们就可以获得（1）的意义。然而，戴维森（D. Davidson）认为，从外延上来看，如果将句子看成单称词项的特例，继而认为（1）的意义就是它的指称的话，那么所有具有相同真值的句子必然都是同义的，这个结果并不令人满意；从内涵上来讲，即便我们认可弗雷格对于意义和指称的划分，那种认为在谈论句子的意义之前必须确定其构成成分意义的做法也不适当，因为这种意义理论缺乏示范性。[1]由此可见，戴维森希望建立一种兼具区别性与生成性的意义理论——成真条件论。

一 意义与成真条件

在戴维森看来，句子的意义就是其语义释义，而语义学的中心任务便是将这种释义呈现出来。[2]简单来说，对于任一对象语言，句子 s 的语义解释为：

---

[1] D. Davidson, "Truth and Meaning", *Synthese*, Vol. 17, No. 1, 1967, pp. 306–307.
[2] Ibid., p. 308.

(2) s 是真的当且仅当 p。①

换言之，一旦明确了句子的成真条件，就意味着获得了它的意义。这样一来，对（1）意义的探究便转化为对其表达命题成真条件的探究。如果我们以汉语为元语言，令 s 为"La neige est blanche"，则（2）的逻辑后承是：

(3)"La neige est blanche"是真的当且仅当雪是白的。

类似地，（1）的意义（即成真条件）可被表示为：

(4)"雪是白的"是真的当且仅当雪是白的。

二 意义与用法

在维特根斯坦（L. Wittgenstein）"意义即用法"和奥斯汀（J. L. Austin）"说话就是做事"的号召下，意义的使用论应运而生。在使用论者看来，意义不再是成真条件或命题那般的抽象实体。相反，只有在具体的使用过程中，意义才得以确立。正如奥斯汀的高徒塞尔（J. R. Searle）所言："语言交流的最小单位不是人们通常所理解的符号、词语和句子，或者是这些符号、词语和句子的标记，而是在执行言语行为时这些符号、词语和句子的产生和表达，

---

① D. Davidson,"Truth and Meaning", *Synthese*, Vol. 17, No. 1, 1967, p. 309.

也就是说，言语行为才是语言交流的基本的或最小的单位。"①

换言之，语言的各种用法已经融入我们的生活形式之中。尽管日常语言具有模糊性和歧义性等特征，但只要进入语境，它们的意义就是清楚明白的。语境中的句子即话语。根据塞尔的言语行为理论，话语由语力（illocutionary force）和命题内容（propositional content）共同构成，其中语力标志着言语行为的类型，②因此说出一个句子就意味着执行了一种言语行为。言语行为没有真假之分，只有恰当与否之别。

在塞尔看来，任何言语行为的核心都是以言行事行为（illocutionary act）。用语言来交流，从最基本的意义上讲，就是在断言、命令、承诺、宣告等，其他相关的行为都以此为目的。这样看来，话语的意义不仅在于其表达了怎样的命题内容以及它是否为真；还在于它被用以完成了何种以言行事行为以及该行为是否得当。

于是，对（1）意义的探讨便转化为对特定语境下相应话语意义的探讨。这里至少包括三个维度：（i）话语"雪是白的"所表达的命题内容是雪是白的；（ii）话语"雪是

---

① J. R. Searle, *Speech Acts: An Essay in Philosophy of Language*, Cambridge: Cambridge University Press, 1969, p. 16.
② Ibid., p. 31.

白的"的以言行事行为类型是断言；(iii) 如果说者确实相信他所断言的内容，并且担保其所描述的事实为真，那么上述话语就是恰当的。

三 意义与说者意义

成真条件论和使用论分别从不同路径对（1）的意义进行诠释：前者着眼于语言意义的类型（type），后者则着眼于语言意义的实例（token）。当然，二者不是不可调和的。比如，使用论者可以说，如果在每个实例下，话语（1）表达的命题内容都是 p，那么句子（1）为真当且仅当 p。

不过，在语言的使用过程中还存在另外一种可能：说者可以用同一话语表达出不同的命题内容，而这些内容并不符合句子通常的意义。也就是说，表达式的语言意义不足以确定它在特定使用场合下的解释，或者说，意义是不足以确定解释的。[1]鉴于此，格赖斯主张将语言意义与说者意义区分开来。在格赖斯看来，说者意义是真的当且仅当对听者而言，说者通过说出某一话语意欲：(i) 听者产生特定的回应；(ii) 听者意识到说者的意图 (i)；(iii) 听

---

[1] J. Barwise & J. Perry, *Situations and Attitudes*, Cambridge: MIT Press, 1983, pp. 36 – 37.

者以达成（ii）为基础而达成（i）。①从这个定义可以看出，说者既希望听者意识到自己的意图，又希望依此对听者产生影响。

斯特劳森（P. F. Strawson）赞同格赖斯将说者意义还原为意图这种心理内容（psychological content）的做法。不过，他建议在上述三个条件的基础上引入第四个条件。

考虑这样一个例子：一对夫妇打算购置一处二手房，丈夫看中了一套带空中花园的顶楼（但妻子对这套房并不满意）。一天，夫妇二人再次去看房，妻子趁丈夫转身接电话的空隙，爬上梯子将屋顶的墙皮刮花了，当她正要从梯子上爬下来时，发现接电话后就一直面向她的丈夫正转身去接另一通电话。这时，妻子知道丈夫看到她刮墙皮了，同时知道丈夫并不知道她已经知道这件事。在该例子中，妻子意欲通过不平整的墙皮这一"证据"使丈夫相信屋顶曾经漏过雨，满足条件（i）；妻子清楚丈夫不会将刮花的墙皮当作真正的证据，但他依然意欲通过刮墙皮这一行为意识到她的意图是使他相信屋顶曾经漏过雨，满足条件（ii）；妻子还意欲丈夫形成屋顶曾漏过雨的信念，而这种信念的产生是基于他识别出了妻子使他相信屋顶曾经漏过

---

① H. P. Grice, "Meaning", *The Philosophical Review*, Vol. 66, No. 3, 1957, p. 385.

雨的意图，满足条件（iii）。

尽管格赖斯定义中的三个条件同时被满足，但斯特劳森认为妻子刮掉墙皮这一行为本身并未产生意义，她也没有与丈夫形成交流。斯特劳森通过这一反例表明，格赖斯的定义并不充分。若要成功地表达说者意义（使听者理解某话语），听者不仅要意识到说者的意图（使听者意识到说者意欲在听者身上产生特定的回应），还应意识到说者的复杂意图（使听者意识到说者意图听者意识到说者意欲在听者身上产生特定的回应）。[1]

问题是，上述修正是充分的吗？斯特劳森随后便意识到与"刮墙皮"类似的反例依然可能被构造出来，因此他承认上述定义只刻画出了说者与听者顺利交流的必要而非充分条件，也并不否认这一分析框架与格赖斯的一样，将面临无穷倒退的质疑，即说者的第 n 个意图乃使听者意识到他的第 n-2 个意图。[2]尽管如此，格赖斯和斯特劳森都坚信这不会影响意图（乃至复杂意图）在说者意义中的核心地位。

一旦意图乃至复杂意图的地位得以确立，更基本的语义概念也将依此生成。比如，某一说者的脱时个人语言意

---

[1] P. F. Strawson, "Intention and Convention in Speech Acts", *The Philosophical Review*, Vol. 73, No. 4, 1964, p. 448.

[2] Ibid., p. 454.

义（timeless idiolect-meaning）是该说者在各种场合下均表达的意义，而这不过是其全部语言技艺（repertoire）中的特定程序而已；基于此，某一共同体内部的语言意义也不难定义，因为要达成交流目标，听者需要知晓上述程序，而这以语言共同体内部成员普遍遵循该程序为前提。①

按照这一观点，（1）的意义问题便被转化为共同体内部成员的个人语言意义问题，而这要以特定场合下话语所表达的说者意义为基础。即是说，若某人以话语"雪是白的"成功地进行交流（说者意义与听者理解均被考虑在内），那么他意欲：（i）听者相信雪是白的；（ii）听者意识到说者的意图（i）；（iii）听者以达成（ii）为基础而达成（i）；（iv）听者意识到说者的意图（ii）。②

第二节 索引词：历史与挑战

按照卡普兰的界定，传统索引词（以下简称"索引词"）应是纯粹索引词（如"你""此地""明天"）和真

---

① 即是说，脱时的群体语言意义借助于"普遍遵守"这一前提而被还原为个人语言意义，而个人语言意义又借助于"特定程序"而被还原为某一场合下的说者意义。参见 H. P. Grice, "Utterer's Meaning, Sentence-Meaning and Word-Meaning", *Foundation of Language*, Vol. 4, No. 3, 1968, pp. 233–234。

② 本节部分内容出自笔者已发表的论文：《论非认知主义隐喻观——从戴维森到勒珀和斯通》，《世界哲学》2014年第3期；《意图、约定与顺应——略论说者意义》，《世界哲学》2017年第3期。

正指示词（如"这个""那个"）的统称，它们构成的集合也被称为索引词的基本集。①

据佩里（J. Perry）分析，索引词之所以会走进语言哲学家的视野，原因在于：第一，像"我"和"此刻"这样的语词与自我和时间问题一样，在哲学论证中扮演着重要的角色；第二，虽然它们的意义看起来相对直观，但难点在于能否将其纳入经典的语言哲学分析框架之中。②

事实上，卡普兰和佩里的索引词理论均是以批评弗雷格为基础而展开的。弗雷格用长庚星和启明星的例子表明，虽然它们都指称金星，但是各自呈现指称的方式不同，进而产生了不同的意义。然而，卡普兰和佩里则分别指出，如果将这一框架应用于索引词的意义分析，问题便会接踵而来。假设作为小组长，张三在向老师汇报小组学习进度之前向同组的李四询问其背诵《逍遥游》的情况，李四说：

（5）我用一个小时背完了《逍遥游》。

---

① D. Kaplan, "Demonstratives: An Essay on the Semantics, Logic, Metaphysics, and Epistemology of Demonstratives and Other Indexicals", in J. Almog, J. Perry and H. Wettstein eds., *Themes from Kaplan*, New York: Oxford University Press, 1977, p. 489; H. Cappelen & E. Lepore, *Insensitive Semantics: A Defense of Speech Act Pluralism and Semantic Minimalism*, Oxford: Blackwell Publishing, 2005, p. 1.

② J. Perry, "Indexicals and Demonstratives", in B. Hale and C. Wright eds., *A Companion to the Philosophy of Language*, Oxford: Blackwells Publishers, 1997, p. 586.

于是，张三对老师说：

(6) 李四用一个小时背完了《逍遥游》。

按照弗雷格的观点，由于索引词的意义是私人的（仅为说者自己所领会），所以（5）中"我"的意义（或呈现方式）与（6）中"李四"的不同。①既然如此，人们是如何运用索引句（"我中暑了/我感冒了/我放学了"）进行顺利交流的呢？毕竟，说者无法成功地表达只有他自己才能领会的意义。这是弗雷格的语言哲学框架面临的第一个问题。

直觉上来讲，（5）和（6）的真值是一致的。但是，由于它们的意义不同，又因为意义决定指称，而句子的指称即真值。那么，如果弗雷格是正确的，（5）和（6）的真值就不同。这是弗雷格的语言哲学框架面临的第二个问题。

鉴于此，卡普兰和佩里均主张将弗雷格的意义概念进一步划分为两个层次：卡普兰称之为特征—内容；佩里则称其为角色（role）—值（value）。②在这种划分下，上述两个问题迎刃而解。

---

① G. Frege, "The Thought: A Logical Inquiry", *Mind*, Vol. 65, No. 1, 1918, p. 298.

② D. Kaplan, "Demonstratives: An Essay on the Semantics, Logic, Metaphysics, and Epistemology of Demonstratives and Other Indexicals", in J. Almog, J. Perry and H. Wettstein eds., *Themes from Kaplan*, New York: Oxford University Press, 1977, pp. 500-505; J. Perry, "Frege on Demonstratives", *The Philosophical Review*, Vol. 86, No. 4, 1977, p. 479.

就第一个问题而言：我们应以特征（或角色）—指称—内容（或值）之三分法取代意义—指称之二分法。人们之所以可以用索引句（5）进行交流，是因为"我"中包含着共同的特征（或角色），此即意义的第一层内涵。这层内涵决定了"我"在使用语境（context of use）中的指称，但它不构成句子的命题成分。

就第二个问题而言：索引句表达了并不完整的意义或思想。但是，一旦进入语境，（5）的内容（或值）便被固定下来，此即意义的第二层内涵。作为所言之义的一部分，这层内涵构成句子的命题成分，并且会对句子的真值产生影响。在前面的例子中，由于（5）中"我"的内容就是它的指称对象李四，因此（5）和（6）的真值是一致的。

下文我们将以卡普兰的工作为例，详述其三分法是如何在纯粹索引词和真正指示词的意义分析中发挥作用的。

一　特征、指称与内容

卡普兰指出，纯粹索引词（"我""此刻""今天"等）的特征是类型，类型是恒定的；纯粹索引词的内容则是语境中的实例，实例是多变的。从这个意义上讲，纯粹索引词是语境敏感的。①特征、指称和内容三者之间的关系为：特征受语言约定制约，进而通过语境决定纯粹索引词的指称；指称又决定内容。②总之，特征是从使用语境到内容的函数；内容则是从赋值变况（circumstance of evaluation）到真值的函数。③

使用语境是句子实际发生时的语境，它向我们提供主体、时间、地点等一切与纯粹索引词的指称和内容相关的参量。如果张三和李四在2017年7月31日进行了上述对话，那么这就构成了一个使用语境c_1，其中的相关参量是〈主体、时间〉序对。此外，每个使用语境都与一个特定的赋值变况（或可能世界）相关联，这一赋值变况也被称为使用语境的变况（或世界）。④

卡普兰指出，对于包含纯粹索引词的句子而言，其特征是由语言规则所确定的普遍意义，它为语言共同体的全部成员所掌握。比如，"我用一个小时背完了《逍遥游》"的特征是"说者用一个小时背完了《逍遥游》"。与此相应，包含纯粹索引词的句子内容则是该句子在使用语境下

---

① D. Kaplan, "Demonstratives: An Essay on the Semantics, Logic, Metaphysics, and Epistemology of Demonstratives and Other Indexicals", in J. Almog, J. Perry and H. Wettstein eds., *Themes from Kaplan*, New York: Oxford University Press, 1977, p. 506.
② Ibid., p. 520.
③ Ibid., p. 505.
④ Ibid., p. 591.

的所言之义或命题。① 显然，不同的说者可以通过"我用一个小时背完了《逍遥游》"在不同的使用语境下表达不同的命题。不过，一旦内容在使用语境中得以确立，它便在该语境的变况下获得了确切的真值。② 卡普兰还指出，既然真假是内容的属性，而语用学是关于用法而非真值的，因此无论是纯粹索引词的特征还是内容均属于语义学范畴。③

诚然，(5) 的内容也可能在其他（甚至是反事实的）变况下被赋值。可以说，句子的特征决定了该句子在不同使用语境下的内容，而这一内容在不同的赋值变况下又有着不同的真值。即便如此，根据卡普兰的直接指称论，纯粹索引词对句子的语义贡献穷尽于指称。即是说，"我"在不同赋值变况下的指称始终固定地为 (5) 在 c_1 中的指

---

① D. Kaplan, "Demonstratives: An Essay on the Semantics, Logic, Metaphysics, and Epistemology of Demonstratives and Other Indexicals", in J. Almog, J. Perry and H. Wettstein eds., *Themes from Kaplan*, New York: Oxford University Press, 1977, p. 500.

② 语境 c_1 中出现的句子 (5) 为真当且仅当 (5) 所表达的内容在 c_1 的变况（或世界）下为真。值得注意的是，卡普兰主张将"语境中句子的出现"(occurrence of a sentence – in – a – context) 与"话语"区分开来，而他所谈论的是前者而非后者，因为只有前者属于语义学范畴。他指出，既然纯粹索引词和真正指示词都是直接指称的，我们便可以宏观地在逻辑学和语义学的框架下刻画它们的意义，而无须考虑具体的言语行为。参见 D. Kaplan, "Demonstratives: An Essay on the Semantics, Logic, Metaphysics, and Epistemology of Demonstratives and Other Indexicals", in J. Almog, J. Perry and H. Wettstein eds., *Themes from Kaplan*, New York: Oxford University Press, 1977, p. 522。

③ D. Kaplan, "Afterthoughts", in J. Almog, J. Perry and H. Wettstein eds., *Themes from Kaplan*, New York: Oxford University Press, 1989, p. 575.

称对象。事实上，我们先是在使用语境中获得"我"的指称，进而确定了（5）的内容，然后才可能在不同的变况中对（5）进行赋值。

二 指示动作与说者意图

卡普兰认为，纯粹索引词的指称依赖于使用语境，而真正指示词的指称则依赖于指示动作。[①]指示动作是被指示项的呈现方式。因此，要想获得"这个""那个""他"的指称，必须弄清楚与之相应的指示动作（demonstration）是什么。假设张三在语境 c_2 中指着李四说：

（7）他用一个小时背完了《逍遥游》。

只有将"他"与相应的指示动作结合起来，才能获得一个确定的指称。与特征和内容类似，我们也可以将指示动作（用手指或用眼神示意）看作类型，而将该动作在使用语境中的出现看作实例。

卡普兰认为，虽然指示动作通过（7）的使用语境确定了"他"的指称，但是它并不作为命题成分进入（7）的成真条件。进入句子成真条件的只有由指示动作所确定的

---

① D. Kaplan,"Demonstratives: An Essay on the Semantics, Logic, Metaphysics, and Epistemology of Demonstratives and Other Indexicals", in J. Almog, J. Perry and H. Wettstein eds., *Themes from Kaplan*, New York: Oxford University Press, 1977, p.492.

对象，而该对象在不同赋值变况下均固定地为"他"在 c_2 中的指称。

不过，耐人寻味的是，卡普兰后期又指出，(7) 中"他"的指称从根本上讲并不依赖于指示动作，而是受限于说者的指向意图（directing intention）。归根结底，真正指示词的指称由说者内在的意图决定，而指示动作不过是其外化表现罢了。[①]当然，指向意图与指示动作类似，其功能仅在于确定指称，并没有任何语义价值。对成真条件起作用的是由意图所确定的对象。所以说，真正指示词与纯粹索引词一样，它们都是直接指称的。

三 索引词之谜

按照成真条件论，我们确实可从成真条件 (3) 获得对于句子 (1) 意义的一般理解。在这种情况下，成真条件与语言意义均不依赖于语境。但是，如果我们转而考察包含索引词的句子，情况将发生微妙的变化。正如戴维森所言，包含索引词的句子由不同说者在不同时刻说出，可能表达不同的内容，因而此时真值的载体不再是句子，而是话语或言语行为。[②]以"我中暑了"为例，其真值乃是由

[①] D. Kaplan, "Afterthoughts", in J. Almog, J. Perry and H. Wettstein eds., *Themes from Kaplan*, New York: Oxford University Press, 1989, p. 582.

[②] Ibid., p. 319.

〈句子、时间、人物〉所共同决定的,因而"我中暑了"的语义释义应为:

(8) p 在时间 t 说出的"我中暑了"为真,当且仅当 p 在时间 t 中暑了。①

由此,我们可以窥见索引词之意义分析所面临的困境。虽然特征、指示动作乃至说者意图在一定程度上可以起到确定指称的作用,但它必须借助于语境才能完成这项任务。就纯粹索引词而言,与指称相关的语境特征或许只是如时间、地点这般显明的语言事实;但真正指示词则不同,一旦承认说者意图对于指称的决定性作用,也就意味着卡普兰无法仅仅谈论表达式在语境中的出现,而对使用表达式的主体和由此产生的话语视而不见。这就将卡普兰置于一种两难的境地:毕竟他更希望直接指称论能够在语义的宏观层面,而非在言语行为或语用的微观层面探讨索引词的意义问题。②

综上所述,索引词之谜可被概括为以下几个问题:第一,索引词的意义究竟有几个层次?第二,这些不同层

---

① D. Davidson, "Truth and Meaning", Synthese, Vol. 17, No. 1, 1967, p. 319.

② 用卡普兰的话说:"逻辑与语义学所关注是作为客观事实之意义的真假,而非充满诸多变数的行为。"参见 D. Kaplan, "Afterthoughts", in J. Almog, J. Perry and H. Wettstein eds., Themes from Kaplan, New York: Oxford University Press, 1989, p. 595.

次（特别是索引词的内容或值）是否均属于语义学（或所言之义）范畴？它们与说者意图又有着怎样的关系？第三，我们能够从包含索引词的句子那里直接获得一个完整的命题吗？抑或只有将该句子置于语境之下，结合具体的话语才行？第四，如果索引句的意义是在语境中确定的，那么这里的语境有几个维度？在不同的维度下得以确定的又是索引句的哪层意义？

第三节　未述成分：问题与流派

语言哲学家们发现，与索引词类似，对于那些包含量词、比较形容词、品味形容词、气象动词、知识归属词等的句子而言，其所表达的命题内容也会随着语境的变化而改变。考虑下面的对话：

（9）甲：昨晚的聚会怎么样？

乙：每个人都喝醉了。

甲：我知道奥运冠军刘翔也去了。

乙：对，见到本人才发现，他个子并不高。

若要把握其中"每个人都喝醉了""我知道奥运冠军刘翔也去了"和"他个子并不高"的确切意义，除了锁定"我"和"他"的指称之外，我们还须弄清"每个人"的限制域以及"知道"和"高"的判断标准。

不过,这类表达式又与索引词有所不同,因为无论是量词的限制域还是知识归属乃至身高的标准,它们都没有出现在句子的表面结构当中。鉴于此,或许可以说,这类表达式中存在未述成分(unarticulated constituent)[①]。

一 问题的提出

第一个进入语言哲学家视野的未述成分是气象动词"下雨",它由佩里于1986年发表的论文《未予表征的思想》中首次提出。在这篇论文中,佩里请我们设想下述情境:在美国加州福尼亚州帕洛阿尔托周末的清晨,佩里的儿子(知道他的父亲计划与朋友一起踢足球)望向窗外,对佩里说:

(10)天在下雨。

虽然佩里的儿子并没有将下雨的地点(即帕洛阿尔托)说出来,但除非佩里将其补全,否则他就无法获得一个真值可评价(truth-evaluable)的命题。这就意味着,下雨的地点同下雨的时间一样,它们均构成(10)所表达命题的重要成分。

---

① 从前面的讨论可知,我们既可以讨论索引词的意义(特征、指称和内容),也可以讨论包含索引词句子的意义(指称和内容)。然而就未述成分而言,通常情况下我们却只能在其出现的句子或话语中分析它们的意义。

另外，从形式上来讲，"天在下雨"在用法 u 下表达命题 p，当且仅当存在 u^1、u^2、u^3、t、l、R 使：

（ⅰ） u^1 对应于"天"的使用；

（ⅱ） u^2 对应于"在"的使用，并指称时间 t；

（ⅲ） u^3 对应于"下雨"的使用，并指称关系 R；

（ⅳ） u 发生于地点 l；

（ⅴ） u 依次由 u^1、u^2、u^3 构成；

（ⅵ） p 是命题 $R(l, t)$。[①]

其中，（ⅰ）用于在句法上占位，（ⅱ）提供时间，（ⅲ）提供关系，（ⅳ）提供地点。不过，我们无法像（ⅱ）和（ⅲ）那样在 u 中找出（ⅳ）的对应部分。也就是说，作为（10）所表达命题的重要组成成分，下雨的地点并未出现在其用法 u 的表面结构之中，[②]未述成分因此得名。[③]

既然如此，那么未述成分是如何被补全的？佩里指出，后语义学（post-semantics）为未述成分的获取机制提供了保障。具体而言，我们先经语义规则达成对（10）的部分理解；然后再根据使用语境或背景信息确定其所表达命题

[①] J. Perry, "Thought without Representation", *Proceedings of the Aristotelian Society Supplementary*, Vol. 60, 1986, pp. 141-142.

[②] Ibid., p. 143.

[③] 也可以说，未述成分的意义是相对于语境而敏感的，包含它们的句子在不同语境中可以表达不同的命题内容，进而具有不同的成真条件。鉴于此，未述成分常常与另一问题——语境敏感性或语境依赖性相伴相生。

中未述成分的意义。①可以说，包含未述成分的句子意义是由命题内容和用法共同确定的。②

二 问题的发酵

继佩里之后，不少语言哲学家对未述成分展开了更为深入和持久的探讨。比如，克里明斯（M. Crimmins）指出：对于一个断言的部分内容来说，如果在语义构成的角度上看，该内容是一个必不可少的基本要素，而它又不（明显地）出现在该断言所对应的句子当中，那么则称其为未述成分。③

---

① J. Perry, "Indexicals, Contexts, and Unarticulated Constituents", *Proceedings of the 1995 CSLI – Amsterdam Logic, Language, and Computation Conference*, Stanford: CSLI Publications, 1998, p. 10.

② 在上例中，佩里之所以能够将（10）的方位准确地锁定为帕洛阿尔托，是因为他识别出了儿子的意图。在其他情况下，假设佩里的儿子得知武汉刚刚下了一场大暴雨，而他的姐姐正在华中科技大学开会。他十分担心，随即拨通了她的手机（佩里和夫人坐在一旁）。这时若佩里的儿子说出（10），佩里夫妇则会根据儿子彼时的意图，将（10）的方位锁定为女儿所在地武汉，而非帕洛阿尔托，即使帕洛阿尔托当时也在下雨。鉴于此，未述成分论者不认为"天在下雨"仅仅是"这里的天在下雨"的省略（ellipsis）形式，未述成分与省略现象是不同的。详细讨论参见 J. Perry, "Thought without Representation", *Proceedings of the Aristotelian Society Supplementary*, Vol. 60, 1986, pp. 138 – 142; M. Crimmins, *Talk about Belief*, Cambridge, Mass.: The MIT Press, 1992, p. 17; J. Stanley, "Making It Articulated", *Mind and Language*, Vol. 17, No. 1/2, 2002, pp. 156 – 158; J. Stanley & Z. Szabó, "On Quantifier Domain Restriction", *Mind and Language*, Vol. 15, No. 2/3, 2000, pp. 237 – 239; K. Bach, "Conversational Impliciture", *Mind and Language*, Vol. 9, No. 2, 1994, p. 131。

③ M. Crimmins, *Talk about Belief*, Cambridge, Mass.: The MIT Press, 1992, p. 16.

雷卡纳蒂（F. Recanati）则将未述成分的界定与其获取机制结合在一起，他指出：如果一个表达式不是真正未述的，那么无论它何时出现，我们都需结合语境因素将其补全，这是一种强制性的语义约定；反之，如果一个表达式是真正未述的，是否将其补全则受自由语用机制所调配。①

除此之外，一些语言哲学家还主张扩大未述成分的外延。②比如，卡斯顿（R. Carston）、崔维斯（C. Travis）和巴赫（K. Bach）认为下例中均包含未述成分。

（11）小明没拿够学分，他不能继续了。

（12）钢是足够坚固的。

（13）这个柚子是红色的。

（14）我吃过早饭了。

（15）你不会死的。

原因在于，听者必须将其中的未述成分还原出来，以明确小明不能继续做什么了？钢对于什么来讲是足够坚固的？柚子的表皮还是果肉是红色的？否则，（11）到（13）

---

① F. Recanati, "Unarticulated Constituents", Linguistics and Philosophy, Vol. 25, No. 3, 2002, p. 323.

② 相关讨论参见 R. Carston, "Implicature, Explicature and Truth – theoretic Semantics", in R. Kempson ed., Mental Representations: the Interface between Language and Reality, Cambridge: Cambridge University Press, 1988, pp. 166 – 167; C. Travis, "On Constraints of Generality", Proceedings of the Aristotelian Society, Vol. 94, No. 1, 1994, pp. 172 – 173; K. Bach, "Conversational Impliciture", Mind and Language, Vol. 9, No. 2, 1994, pp. 262 – 263。

所表达的命题便不是真值可评价的。另外，虽然表面上来看，（14）和（15）是真值可评价的（前者为真，后者为假），但似乎这并不是说者想要表达的内容。我们需要弄清楚的是：（14）的说者曾经有过（哪怕一次的）吃早饭经历还是在某个特定时刻吃过早饭了？（15）的听者究竟是长生不老了还是不会因为某个具体事件（如割破手指）而死去？因此，我们得到：

（11a）小明［大学前两年］没拿够学分，他不能继续［读本科］了。

（12a）钢［对于光谷体育馆的整体构架来说］是足够坚固的。

（13a）这个柚子［的果肉］是红色的。

（14a）我［今天］吃过早饭了。

（15a）你不会［因不小心划伤手指而］死的。

综上，未述成分论者认为，只有将方括号中的成分补全，我们才能获得（11）到（15）所表达的完整命题内容。

问题是，第一，未述成分与索引词有何区别？究竟哪些表达式中包含未述成分？未述成分的范围是可以被无限扩大的吗？第二，未述成分究竟在何种意义上是未被表征的？这些成分是如何被确定的？其进程是佩里所倡导的后语义学式的，还是受语义规则的支配？它们与说者意图又有着怎样的关系？第三，包含未述成分的句子所表达的是一个完整的命题吗？它们对成真条件做出了怎样的贡献？成真条件是否涵盖了未述成分意义的全部内容？第四，如果包含未述成分句子的意义是在语境中确定的，那么这里的语境有几个维度？在不同的维度下得以确定的又是哪层意义？以上四组问题为我们提供了未述成分意义分析的重要线索。对它们的不同回答构成了不同的未述成分流派，它们分别是语义论、语用论和相对论。

第二章　未述成分的语义论分析

在未述成分的语义论分析中，最具影响力的当属以斯坦利（J. Stanley）为代表的变元论，以及以卡佩伦（H. Cappelen）和勒珀（E. Lepore）为代表的最小论。

变元论和最小论都认为，一方面，未述成分不在基本集之列，因而不是真正的索引词；另一方面，语境的语义释义功能或戴维森的成真条件论可以帮助我们获得包含未述成分句子的字面意义。而若要进一步得出其言外之意，则要借助于格赖斯的会话隐意理论或塞尔的言语行为理论才行。

第一节　变元论

斯坦利指出，若称话语 u 中的 x 是未述成分，则需满足以下两个条件：第一，x 是为获得 u 的成真条件而由语境确定的构成要素；第二，x 不是该话语所对应句子逻辑形式中任何成分的语义值。①

然而，在斯坦利看来，虽然（10）中"下雨"的地点以及（9）中"每个人"的辖域和"高"的判断标准会对话语的成真条件造成影响（即满足第一个条件）；但它们实则对应于一个未经发音的变元，其取值因语境而异，可能是下雨的地点，也可能是量词域或比较类，而正是这个变元决定了逻辑形式中相应成分的语义值，即不满足第二个条件。

因此，气象动词所对应的地点、量词的限制域及比较形容词的判断标准均可被看作隐藏索引词（hidden indexical）。②它们并不是真正未述的，所有在语境中影响成真条件的因素都可以追溯至逻辑形式。

一 逻辑形式

作为语言实体的逻辑形式是语言表征的特殊类型，它

---

① J. Stanley, "Context and Logical Form", *Linguistics and Philosophy*, Vol. 23, No. 4, 2000, p. 410.
② 有关"隐藏索引词"这一称谓的来源，参见 J. Stanley, "Context and Logical Form", *Linguistics and Philosophy*, Vol. 23, No. 4, 2000, p. 430; H. Cappelen & E. Lepore, "Indexicality, Binding, Anaphora and a Priori Truth", *Analysis*, Vol. 62, No. 4, 2002, p. 271。

类似于句子的实在结构（real structure）。该结构因隐藏于自然语言之中而具有复杂性，所以我们不能简单地将逻辑形式等同于表面句法形式。

值得注意的是，逻辑形式本就有描述型（descriptive）和修正型（revisionary）之分。①描述型的逻辑形式被以乔姆斯基（N. Chomsky）为代表的语言学家所推崇，修正型的逻辑形式则受到罗素（B. Russell）这类哲学家的青睐。斯坦利更赞同乔姆斯基的观点，当他谈论逻辑形式的时候，所指的就是我们为了获得句子的语义释义所需掌握的信息内容——这些内容基于句子的句法结构，但又可能不同于其表面的句法结构。

回到佩里的例子，当听到儿子说出（10）的时候，佩里首先以作为语言实体的（10）的逻辑形式出发（其中，下雨的地点是一个隐藏的变元），再结合语境或背景确定逻辑形式中各成分的指称（包括下雨的地点），最后通过组合原则得出（10）的语义释义。语义释义的结果是产生诸如命题之类的非语言实体，由此获得（10）的成真条件。

基于此，斯坦利断言：所有影响成真条件的因素都可

---

① 根据修正派的观点，由于自然语言充满瑕疵，为了进行莱布尼茨的理想演算，我们必须将自然语言修正为精准的人工语言。参见 J. Stanley,"Context and Logical Form", *Linguistics and Philosophy*, Vol. 23, No. 4, 2000, pp. 391 – 392。

追溯至自然语言句子中逻辑形式（或实在结构）的语境敏感成分。该成分可能是纯粹索引词或真正指示词，也可能是隐藏索引词。①

二 约束论证

斯坦利认为，佩里之所以声称（10）中包含未述成分，是因为虽然"在"给出了下雨的时间，但下雨的地点却没有被明确地标识出来，它是由语境直接提供的。换言之，在佩里等未述成分论者看来，如果用 t 表示时间，l 表示地点，（10）的成真条件可以被表示为：

（16）在语境 c 中，"天在下雨(t)"是真的当且仅当"下雨"的指称在 $\langle t, l \rangle$ 下为真，其中 l 是 c 中凸显的（salient）地点。②

然而，变元论者用约束论证（binding argument）对未述成分论者做出反驳，指出（16）并不是（10）的成真条件。斯坦利的反驳始于这样一个类似的例子：

（17）每次萧敬腾点燃一支香烟，天都下雨。

按照未述成分论者的观点，（17）的释义应为：

（17a）在每个萧敬腾点燃香烟的时刻 t，"下雨"的指

---

① J. Stanley, "Context and Logical Form", *Linguistics and Philosophy*, Vol. 23, No. 4, 2000, p. 400.
② Ibid., p. 415.

称在 $\langle t, l \rangle$ 下均为真，其中 l 是语境 c 中凸显的地点。

可以看出，在这种解释下地点 l 是自由的，它不被任何成分所约束。然而，(17a) 却不符合我们对 (17) 的下述直观理解：

（17b）每次萧敬腾点燃一支香烟，在那个时刻 t，在那个地点 l，天都下雨。

在这种解释下，地点 l 被点燃香烟的时刻 t 所约束。然而，我们却无法在未述成分论的框架下获得 (17) 的直观释义 (17b)，这就说明未述成分论是错误的。①

在斯坦利看来，下雨的地点 l 与下雨的时间 t 一样，均存在于句子的逻辑形式之中。也就是说，(10) 中只有隐藏索引词而没有未述成分。类似地，比较形容词中也不包含未述成分。考虑下面的例子：

（18）几乎每种动物里都有块头大的。

按照未述成分论者的观点，如果用 s 表示判断尺寸的标准，则 (18) 的成真条件释义为：

（18a）几乎每种动物 A 都有一些成员的尺寸是超过 s 的，其中 s 是语境 c 中凸显的尺寸标准。

同样地，在这种释义下标准 s 不被任何成分约束。然

---

① 当然，斯坦利并不希望通过约束论证表明 (17b) 是对 (17) 唯一合理的释义。他想要揭示的是：在未述成分论者的视角下，对 (17) 的约束解读会屏蔽掉 (17b) 这种可能性。

而，(18a) 并不符合我们对 (18) 的直观理解——判断标准 s 应受到动物 A 的约束，即：

(18b) 几乎每种动物 A 都有一些成员，它们的尺寸对 s 来说是大的。

因此，比较形容词的标准不是未述的，它们存在于句子的实在结构中，是逻辑形式中的一个或约束或自由的变元。类似地，对于包含量词的句子而言，其量词域也不是未述的，它对应于逻辑形式中的域限制（domain restriction）变元。

三 量词、域限制变元与语境角色

既然变元论者认为量词域是已述的（articulated）——它们对应于逻辑形式中的一个隐藏索引词。逻辑形式又被看作连接句法结构和语义释义之间的桥梁，那么对于如何确定量词域这一问题，变元论者自然要诉诸语义学。

斯坦利和萨博（Z. G. Szabó）指出，每个紧随量词其后的普通名词均包含一个隐藏的形为"f (i)"的域限制变元，其中"f"是特定语境中从对象到量词域的函数，"i"是由语境所确定的对象。[1]换言之，对于包含量词的句子来

---

[1] J. Stanley & Z. Szabó, "On Quantifier Domain Restriction", *Mind and Language*, Vol. 15, No. 2/3, 2000, p. 251.

说，其逻辑形式中变元的取值均为相关语境中特定的量词域，该量词域限制了普通名词的指称。考虑下例：

(19) 每个瓶子都是透明的。

显而易见，(19) 所表达的并不是"地球上的每个瓶子都是透明的"。当说者说出 (19) 时，他是在一定的范围内讨论瓶子的颜色，即"每个量词域下的瓶子都是透明的"。所以说，(19) 的逻辑形式为"每个〈瓶子, f (i)〉都是透明的"。其中，"f"是从对象（"瓶子"）到量词域（比如"说者的家里"或"说者和听者所在的酒吧"）的函数，而"f"和"i"的取值则要依赖于语境。

进一步地，斯坦利和萨博还将语境在释义过程中所扮演的角色划分为语法的、语义的和语用的三种。

语境扮演的第一个角色是语法层面的，听者在这一角色的协助下从所发之音（what is articulated）获得所说之话（what is uttered），其中主要涉及的是消除由语词或句子结构所导致的歧义问题。比如，报纸上刊登了一篇题为"丰子恺画画不要脸"的文章，读者结合文章的配图，便可以获得该标题所说之话为"丰子恺画画不（需）要（画）脸"。

语境扮演的第二个角色是语义层面的，听者在这一角色的协助下，结合表达式的语言意义，进而从所说之话获得所言之义（what is said），其中主要的过程是确定句子的成真条件。比如，在为"我不是水瓶座"这个句子进行释义的时候，听者既需结合"我"的语言意义获得其特征，又需依照语境来获得"我"乃至整个句子所表达的内容。

语境扮演的第三个角色是语用层面的，在这一角色的协助下，听者可以从所言之义获得所交流之意（what is communicated）。比如，只有有效地识别出说者意图，听者才能达成对"可惜我不是水瓶座"的恰当理解。[1]

现在，让我们回到量词域的问题上来。按照斯坦利和萨博的观点，确定（19）中相应域限制变元的过程即是确定命题何为的过程，这与意图或信念等心理状态无关，因而是由语境的第二个（而非第三个）释义角色完成的。[2]具体而言，在说者说出（19）后，听者依照语言约定和语境得到（19）所对应逻辑形式中各个成分（包括"每个瓶子"）的语义值，并依照组合原则将它们结合起来。至此，听者便获得了一个具有确定真值的命题"每个〈瓶子，f(i)〉都是透明的"，语境所扮演的第二个角色就此完结。至于要弄清楚该命题是否是说者的交流之意，听者则要以该命题

---

[1] 关于语境三个角色的详细讨论，参见 J. Stanley & Z. Szabó, "On Quantifier Domain Restriction", *Mind and Language*, Vol. 15, No. 2/3, 2000, pp. 226-230。

[2] J. Stanley & Z. Szabó, "On Quantifier Domain Restriction", *Mind and Language*, Vol. 15, No. 2/3, 2000, p. 226.

为基础，根据格赖斯的合作原则与会话四则做出进一步推断，而这属于语境释义的第三个阶段。①

四 反驳与回应

在变元论者看来，虽然那些包含量词、比较（或品味）形容词、气象动词的句子所表达的命题内容会随着语境的变化而改变，但原因并不在于其中包含着所谓的未述成分。相反地，量词的限制域、比较（或品味）的标准、相关气象的发生地均可被看作逻辑形式（或实在结构）中已述的隐藏索引词。

斯坦利以约束论证作为主要的论证工具，指出可被约束就意味着并非未述。约束论证的基本思路可以被概括为：首先，将包含未述成分的简单句（"天在下雨"）嵌入更加复杂的句子（"每次萧敬腾点燃一支烟，天都下雨"）之中，进而得出原简单句中的气象动词实则被高阶算子约束这一结论，即下雨的地点变元存在于复杂句的逻辑形式中，最后再将该结论推广至所有包含气象动词的简单句中。问题是，即使地点变元存在于复杂句中，也不能就此断言相同的变元同样存在于简单句之中。斯坦利既混淆了复杂句

---

① J. Stanley, "Making It Articulated", *Mind and Language*, Vol. 17, No. 1/2, 2002, p. 149.

与简单句,又混淆了"可被约束"(bindability)与"实际被约束"(actual binding)。①

这种做法的后果是在句子结构中过分生成(over-generate)不必要的变元,就像卡佩伦和勒珀指出的那样。例如,假设我们想要确认"2+2=4"当中是否存在未述成分,模仿斯坦利的做法,卡佩伦和勒珀建构了一个类似的例子:

(20) 不管我去哪儿,2+2=4。

根据约束论证形式,(20)的自然释义应为:

(20a) 对于我去的每个地点 l,在那一地点,2+2=4。

这是否意味着"2+2=4"的逻辑形式中存在隐藏的地点变元?答案显然是否定的,因此约束论证是错误的。②

当然,斯坦利可能会回应说:"2+2=4"本就是先验为真的句子,因而没必要讨论其中是否包含未述成分——卡佩伦和勒珀一开始就走错了方向,他们其实是在乞求论题。为了避免此类问题,我们构造如下反例:

(21) 不管萧敬腾去哪儿,不管他何时去,不管他怎

---

① F. Recanati, "Unarticulated Constituents", *Linguistics and Philosophy*, Vol. 25, No. 3, 2002, p. 330.

② H. Cappelen & E. Lepore, "Indexicality, Binding, Anaphora and a Priori Truth", *Analysis*, Vol. 62, No. 4, 2002, p. 273.

去，不管穿哪件外套去，天都下雨。

按照斯坦利的说法，（21）的自然释义应为：

（21a）对于任何地点 l，对于任何时间 t，对于任何方式 m，对于任何外套 c，只要萧敬腾穿着 c 采用 m 在 t 去 l，天都下雨。[1]

这就说明（21）的逻辑形式中包含四个变元——时间、地点、方式和外套。问题是，我们是否会据此推断简单句"天在下雨"的逻辑形式中同样包含这四个隐藏的变元呢？答案显然也是否定的。[2]由此可见，约束论证最大的问题就是可能会平白无故地预设无限多个不必要的变元。[3]

而且，按照变元论者的看法，既然气象谓词可被看作包含标识地点变元的隐藏索引词，我们便有理由认为其他谓词（如"跳舞""打牌"）也是如此，这就混淆了谓词之间的区别。[4]事实上，泰勒（K. Taylor）就曾指出，对于"唱歌""踢球"这样的事件谓词而言，在大多数情况下其

---

[1] 类似的反例参见 H. Cappelen & E. Lepore, *Insensitive Semantics*: *A Defense of Speech Act Pluralism and Semantic Minimalism*, Oxford: Blackwell Publishing, 2005, p. 74; F. Recanati, "Unarticulated Constituents", *Linguistics and Philosophy*, Vol. 25, No. 3, 2002, p. 325。

[2] Z. Ying, "Where is It Raining", *Studies in Logic*, Vol. 4, No. 1, 2011, pp. 111-112.

[3] L. Clapp, "Three Challenges for Indexicalism", *Mind and Language*, Vol. 27, No. 4, 2012, p. 452.

[4] F. Recanati, "It is Raining (Somewhere)", *Linguistics and Philosophy*, Vol. 30, No. 1, 2007, p. 143.

所发生的地点并不作用于句子的成真条件。①

进一步地,按照约束论证的思路,既然下例(22)中的"她们"受到"朋友"的约束,难道我们也将得出"包含索引词(如"她们")的简单句之逻辑形式中同样包含隐藏变元"这样荒谬的结论吗?

(22)张瑛在武汉交了不少朋友,她们都参加了这次聚会。

除此以外,反驳者还就变元论者所划分的语境释义之三重角色提出质疑。从以上讨论中我们不难看出,变元论者与未述成分论者的分歧不在于语境是否在确定命题内容的过程中发挥作用,而在于语境究竟发挥了怎样的作用。

变元论者虽然提出语言意义和语境所扮演的语义角色可以帮助我们确定所言之义,但却没有言明语境中的哪些因素在发挥作用。如果说任何与确定句子成分有关的因素都被纳入语境的第二个角色之中,那么识别说者意图这一过程也应被囊括进来,②而这显然超出了传统语义学的范畴。

虽然变元论者区分了所言之义和所交流之意,但正如

---

① K. Taylor, "Sex, Breakfast and Descriptus Interruptus", *Synthese*, Vol. 128, No. 1/2, 2001, pp. 53 – 54.

② 斯坦利曾指出,确定隐藏索引词的方式与确定真正指示词的方式类似,这也就意味着他承认逻辑形式会受到说者意图的影响,参见 J. Stanley, "Making It Articulated", *Mind and Language*, Vol. 17, No. 1/2, 2002, pp. 149, 157。

巴赫指出的那样,斯坦利和萨博并没有说明这两种意义所对应的命题究竟有何分别。既然他们赞同格赖斯的做法,将所言之义看作句子成分以及它们的组合顺序和句法特征,那么显然量词的域限制变元不应被纳入其中。①

考虑下面三个例子:

(23) 每个人都是要死的。

(24) 多数 2016 年从华中科技大学哲学系毕业的本科生都去创业了。

(25) 在小瑛的每处房子里,设计师的个性都十分鲜明。

在第一个例子里,普通名词"人"紧随量词"每个"之后,按照变元论者的主张,该名词中包含形式为"f(i)"的域限制变元,在获得(23)的成真条件之前,语境的第二个角色必须对其指称做出限定;在第二个例子里,"本科生"出现在量词"多数"之后,按照变元论者的主张,若要获得(24)所表达的命题内容,语境的第二个角色必须提供"本科生"的全部指称,不管该名词前面有多少像"2016 年从华中科技大学哲学系毕业的"这样的限制性描述语。然而,上述主张并不可行,因为即使不知道"人"

---

① K. Bach,"Quantification, Qualification and Context: A Reply to Stanley and Szabó", *Mind and Language*, Vol. 15, No. 2/3, 2000, p. 273; L. Clapp, "Three Challenges for Indexicalism", *Mind and Language*, Vol. 27, No. 4, 2012, p. 439.

的限制域和"毕业生"的全部指称对象,听者依然可以达成对(23)和(24)的理解。

就第三个例子而言,其下述自然释义符合未述成分论者(而非变元论者)的预期。

(25a) 在小瑛的每处房子 r 里,设计师 d 的个性都十分鲜明,其中 d 是语境凸显的设计师。

也就是说,虽然(25)中的"设计师"出现在"每个房子"的辖域里,但它并没有受到任何约束。[①]不同的房子可能有不同的设计师,设计师也不是因为在某个房子里才有个性,这再次表明变元论者的主张有误。因为由(25)的自然释义(25a)可知,普通名词"房子"中并不包含形式为"$f(i)$"的域限制变元。

在回应中,变元论者区分了两种处理语境敏感性(或语境依赖性)的研究进路。他们认为,第一种进路要解决的是语境敏感的基本问题(如语境有哪些功能以及为何这些功能能够恰当地发挥其作用);第二种进路则只需就特定表达式的语境敏感特征做出具体的描述(如语境的第二重角色是如何对量词域做出限定的)。[②]由于变元论者的工作

[①] 类似讨论参见 K. Bach,"Quantification, Qualification and Context: A Reply to Stanley and Szabó", *Mind and Language*, Vol. 15, No. 2/3, 2000, p. 280。

[②] J. Stanley & Z. Szabó,"On Quantifier Domain Restriction", *Mind and Language*, Vol. 15, No. 2/3, 2000, pp. 223 – 225.

是沿着第二种进路展开的,因而也就不必对语境的诸构成要素做出说明。

此外,变元论者还主张重新划定语义学与语用学的界限,以填补所言之义与所交流之意间的鸿沟。根据他们的看法,语用内容是说者表达的超出句子语义内容的东西。语义内容则包含两个层次:第一层是完全不受语境干扰的永恒意义(standing meaning);第二层是受语境影响的指称内容(referential content),即语境中特定的对象、属性或函数。①他们认为,虽然语境中的非语言因素(如说者意图)会对表达式(如域限制变元)的指称内容产生影响,但这种影响从根本上讲还是受到永恒意义的制约。②

我们姑且不论这种划分语义学与语用学的方式是否恰当。即便他们是对的,变元论者依然需要回答究竟哪些表达式的指称内容会在永恒意义的影响下受制于说者意图,

---

① 永恒意义与指称内容大致上对应于卡普兰的特征与内容(或佩里的角色与值),详细讨论参见 J. King & J. Stanley, "Semantics, Pragmatics and the Role of Semantic Content", in Z. Szabó ed., *Semantics versus Pragmatics*, Oxford: Oxford University Press, 2005, pp. 115 – 116。

② J. King & J. Stanley, "Semantics, Pragmatics and the Role of Semantic Content", in Z. Szabó ed., *Semantics versus Pragmatics*, Oxford: Oxford University Press, 2005, p. 117.

并告诉我们这些表达式的永恒意义到底是什么。①事实上，就这一问题给出系统又经济的语义学说明将是变元论者面临的更加棘手的问题。②

第二节　最小论

最小论者既不认为气象动词中有隐藏索引词，也不认为其中包含未述成分。在卡佩伦和勒珀看来，未述成分论者最大的问题就是将语义学问题和形而上学问题混为一谈。③事实上，（10）的语义内容即"（在时刻t）天在下

---

① 变元论者还对弱语用作用（weak pragmatic effect）与强语用作用（strong pragmatic effect）做出区分，他们认为前者指的是语境对语义释义或语义内容的影响，后者指的是语境对非语义内容的影响。在笔者看来，这种区分使变元论者的语义论立场岌岌可危，因为一旦认可该划分，他们就已经承认了语境的第三个角色对于指称内容的影响。参见 J. King & J. Stanley, "Semantics, Pragmatics and the Role of Semantic Content", in Z. Szabó ed., *Semantics versus Pragmatics*, Oxford: Oxford University Press, 2005, pp. 118 – 119。

② 本节部分内容出自笔者已发表的论文 *Where is It Raining*,《逻辑学研究》2011 年第 1 期。

③ 卡佩伦和勒珀并不否认"下雨"如"唱歌"和"跳舞"一样都发生在某地，因而包含它们的句子会被看作"地点聚焦的"（location - focused）。类似的，"驾驶"或"奔跑"也会有相应的速度。但他们指出，我们不会认为"跳舞"和"驾驶"中存在表示地点或速度的未述成分，因而我们也不应认为"下雨"中包含未述成分。参见 H. Cappelen & E. Lepore, "The Myth of Unarticulated Constituents", in M. O'Rourke and C. Washington eds., *Situating Semantics: Essays on the Philosophy of John Perry*, Cambridge, MA: MIT Press, 2007, pp. 203 – 205; H. Cappelen & E. Lepore, *Insensitive Semantics: A Defense of Speech Act Pluralism and Semantic Minimalism*, Oxford: Blackwell Publishing, 2005, p. 154。

雨",它是一个地点中立的(location - neutral)命题。因而,其成真条件并不依赖于下雨的具体方位,"天在下雨"是真的当且仅当(某地的)天在下雨。换言之,由句子的语义内容获得其成真条件是一回事,判断该条件是否在特定场合下被满足则是另一回事。①

既然气象动词中不包含未述成分,那么它们既不应被看作索引词,也不是语境敏感的。事实上,只有基本集内的索引词才是真正语境敏感的。②为了证明这一论断,最小论者提出三项测试:跨语境引用间接转述测试(inter - contextual disquotational indirect report test)、共同描述测试(collective description test)和跨语境引用测试(inter - contextual disquotational test)。

一 跨语境引用间接转述测试

由于语境敏感性的直观意义就是表达式的语义值会随语境变化而改变。因此,跨语境引用间接转述测试指的是:

---

① E. Borg,"Saying What You Mean:Unarticulated Constituents and Communication", in R. Elugardo and R. Stainton eds., *Ellipsis and Non - sentential Speech*, Dordrecht:Springer, 2005, p. 246.

② 如前所述,这些索引词包括"我""你""他""她""这个""那个""这里""那里""现在""今天""昨天""明天""以前""朋友""敌人""外国人""本地人""进口的""出口的"等。参见 H. Cappelen & E. Lepore, *Insensitive Semantics:A Defense of Speech Act Pluralism and Semantic Minimalism*, Oxford:Blackwell Publishing, 2005, p. 1。

如果语境 c 中的话语 u（包括表达式 e）在语境 c'（c' 不同于 c）中的同音转述 u'（其中 e 保持不变）为假，那么就说明 u（特别地，u 中的 e）阻止该测试，是语境敏感的；反之，如果 u 在新语境中的同音转述 u' 依然为真，那么就说明 u（特别地，u 中的 e）不阻止该测试，是语境不敏感的。[①]比如，笔者在语境 c 中说：

(26) 我是《名侦探的逻辑》的作者。

其他人在语境 c' 中的同音转述 (26a) 便是假的。

(26a) 张瑛说我是《名侦探的逻辑》的作者。

而只有对索引词"我"进行适当的转换，我们才能得到真转述：

(26b) 张瑛说她是《名侦探的逻辑》的作者。

可见，"我"阻止跨语境引用间接转述测试，因而是语境敏感的。相反，我们无须做任何转化，便可以得到 (10) 的真跨语境同音转述 (10a)：

(10a) 佩里的儿子说天在下雨。

也就是说，"下雨"不阻止这项测试，因而是语境不敏感的。以此类推，不难验证所有基本集以内的表达式都是语境敏感的，基本集以外的则不是语境敏感的。

[①] H. Cappelen & E. Lepore, *Insensitive Semantics: A Defense of Speech Act Pluralism and Semantic Minimalism*, Oxford: Blackwell Publishing, 2005, p.89.

二 共同描述测试

共同描述测试背后的逻辑是：如果一个表达式是语境敏感的，我们就无法脱离原语境（c_1 和 c_2）而在新语境（c）中把握它的语义值。以名词为例，我们可将共同描述测试概括为：在语境 c_1 中"e 是 F"为真，在语境 c_2 中"e 是 G"为真，如果我们并不能由此推得在另一语境 c 中"e 是 F 和 G"为真，那么 e 阻止了该测试，它是语境敏感的；反之亦然。[1] 以"今天"为例，假设在语境 c_1 中以下句子为真：

(27) 今天是周一。

在语境 c_2 中以下句子为真：

(27a) 今天是周三。

但显然，我们无法推得在另一语境中以下句子为真：

(27b) 今天是周一和周三。

因而，"今天"阻止共同描述测试，它是语境敏感的。

若把共同描述测试与跨语境引用间接转述测试结合起来，我们便得到共同跨语境引用间接转述测试：u 为说者 A 对句子 s_1（e 为 s_1 中的表达式）在语境 C_1 中的说出，u'

---

[1] H. Cappelen & E. Lepore, *Insensitive Semantics: A Defense of Speech Act Pluralism and Semantic Minimalism*, Oxford: Blackwell Publishing, 2005, p. 99.

为说者 B 对句子 s_2（e 为 s_2 中的表达式）在语境 c_2 中的说出，如果转述者能够以 "A 和 B 说 s_1 和 s_2（e 为 s_1 和 s_2 中共同的表达式）" 容易且真的进行间接转述，那么很可能 e 是语境不敏感的。[①] 比如，在语境 c_1 中小轩说：

（28）西尔斯大厦是很高的。

在语境 c_2 中小楠说：

（28a）埃菲尔铁塔是很高的。

我们可以很自然地，容易且真的做出如下同音转述：

（28b）小轩和小楠说西尔斯大厦和埃菲尔铁塔是很高的。

因此，"高的" 并不阻止该测试，它是语境不敏感的。最小论者认为，用相同的办法不难发现基本集以外的表达式都是语境不敏感的。

三 跨语境引用测试与实在转换论证

跨语境引用测试指的是：虽然句子 s（e 为 s 中的表达式）为真，但若存在 s 的说出（其中 e 保持不变）为假的可能性，那么就说 e 通过该测试，是语境敏感的；反之亦

[①] E. Lepore & A. Sennet, "Saying and Agreeing", *Mind and Language*, Vol. 25, No. 5, 2010, p. 585.

然。①比如，我们想要判定"它"是不是语境敏感的，只需看（29）可否为真：

（29）虽然它是一只保温杯，但存在"它是一只保温杯"为假的可能性。

不难发现，只要说者指向的不是一只保温杯，"它是一只保温杯"便为假的，因而"它"通过该测试，是语境敏感的。再如，若要判定"红色"是不是语境敏感词，只需看（30）可否为真：

（30）虽然消火栓是红色的，但存在"消火栓是红色的"为假的可能性。

卡佩伦和勒珀认为，我们无法找到一个语境，在其中（30）为真，所以"红色"通不过该测试，是语境不敏感的。

在最小论者看来，表达式能否通过跨语境引用测试与是否可以为其建立起自然的实在语境转换论证（real context shifting argument）相关。在实在语境转换论证中有两种语境：叙事语境（storytelling context）和目标语境（target context）。如果 s（e 为 s 中的表达式）在叙事语境中为真，在目标语境中为假，那么就建立了该表达式的实在语境转

---

① H. Cappelen & E. Lepore, *Insensitive Semantics: A Defense of Speech Act Pluralism and Semantic Minimalism*, Oxford: Blackwell Publishing, 2005, p. 105.

换论证。①根据这一论证，"现在"之所以是语境敏感的，是因为我们可以自然地构造出以下论证：

（31）就在现在（目标语境）小楠没有拿保温杯。昨天（叙事语境）她拿了一只保温杯，那时小楠说，"我现在拿着一只保温杯"为真，尽管现在她没有拿保温杯。

另外，我们却无法建立起恰当的包含"红色"的实在语境转换论证：

（32）我们现在切开苹果小特（目标语境），它的里面是白色（而非红色）的。在小特未被切开以前（叙事语境）它是红色的，那时说"小特是红色的"为真，尽管在它被切开后便不是红色的了。②

以此类推，最小论者认为我们无法对基本集以外的表达式建立实在语境转换论证。既然如此，气象动词、量词、比较（或品味）形容词等都通不过跨语境引用测试，因而其中并不包含未述成分，也没有隐藏索引词。

---

① H. Cappelen & E. Lepore, *Insensitive Semantics*: *A Defense of Speech Act Pluralism and Semantic Minimalism*, Oxford: Blackwell Publishing, 2005, p. 108.
② 理由是：我们说一个苹果是红色的，它的皮一定是红色的，这是成为红苹果的必要条件。苹果里面的颜色与小特是不是红苹果并不相干，因此，即使小特被切开了，它也依然是红色的。参见 H. Cappelen & E. Lepore, *Insensitive Semantics*: *A Defense of Speech Act Pluralism and Semantic Minimalism*, Oxford: Blackwell Publishing, 2005, p. 111.

四 最小语义内容与言语行为内容

不难发现，上述三项测试都与转述（或引用）现象有关。虽然转述语境与原始语境不同，但听者却依然能够把握各自的内容。最小论者认为原因就在于每个言语行为内容（speech act content）中都有着同样的最小语义内容（minimal semantic content）。

以"刘翔很高"为例，虽然该句子在不同的语境下可用来执行不同的言语行为，进而获得不同的言语行为内容。但在这些不同言语行为内容之中存在共同的语义内容，该内容是人们交流和理解的基础。因此，即便听者不了解说者在说"刘翔很高"时的意图乃至话语发生的具体语境，也可以获得相应的语义释义并对它做出转述。

在这种观点下，句子的语义内容是一个不受语境约束且具有确定真值的完整命题，它为所有包含该句子的话语所共有。因此，"天在下雨"所表达的语义内容就是"天在下雨"，该命题为真当且仅当天在下雨，此即"天在下雨"的字面成真条件；"苹果小特是红色的"所表达的语义内容就是"苹果小特是红色的"，该命题为真当且仅当苹果小特是红色的，此即"苹果小特是红色的"的字面成真条件。①

以此为基础，最小论者既可以用最小语义内容说明"下雨"和"红色"等表达式的不敏感性；又指出在理解包含它们的话语时，听者是基于一系列推导过程而获得言语行为内容的。具体而言，这其中包括两个步骤：其一，确定话语的最小语义内容（或字面成真条件）；其二，推断该话语可能表达的多种言语行为内容。

第一个步骤是由系统的语义学来承担的，其中包括如下子步骤：一是确定语词的约定意义（或特征）；二是确定相关的意义组合原则；三是消除歧义；四是将模糊词汇精确化；五是确定语境敏感词的语义内容。以话语"他很开心"为例，由于其中不包含歧义及模糊词汇，我们只需根据语词的约定意义，将"他"锁定为语境凸显的男性 m，将话语发生的时间锁定为 t，再根据组合原则得到三元序组 $\langle m, t, 开心\rangle$，此即"他很开心"的最小语义内容。②

第二个步骤则是多元开放式的。从言语行为的角度看，同一话语可能被用来表达多个命题。在上面的例子中，说者想要表达的可能是"他心情很好"，也可能是"他不再

---

① H. Cappelen & E. Lepore, *Insensitive Semantics*: *A Defense of Speech Act Pluralism and Semantic Minimalism*, Oxford: Blackwell Publishing, 2005, p. 155; E. Borg, *Minimal Semantics*, Oxford: Clarendon Press, 2004, p. 231.

② Ibid., p. 145.

生气了"或"他马上要见到女朋友了",甚至可能是"他十分生气"。然而,卡佩伦和勒珀认为,没有哪一种理论可以帮助我们确定话语的言语行为内容究竟是什么。听者只是基于说者意图、自身的知识结构、相关背景信息和语境等因素做出可能的推断而已。

五 反驳与回应

最小论者通过三项测试印证了只有基本集内的索引词才是语境敏感的。对于气象动词、量词、比较(或品味)形容词等表达式而言,由于它们并不具有语境敏感性,因而包含其句子的语义内容(或字面成真条件)不会受到语境的影响。

三项测试自提出以来,就受到多方面的关注和批评。其中,泰勒对第一项测试提出质疑,因为基本集中的语词"我们"可能并不阻止该测试。考虑下述情境:在语境 c 中,说者为小晗,听者为小禾和小梦,话语 u 为:

(33) 我们[指小晗和小禾]玩得太开心了。

在转述语境 c' 中,说者为小禾,听者为小梦,话语 u' 为:

(33a) 小晗说我们[指小晗和小禾]玩得太开心了。

一方面,在 c 与 c' 中,说者和听者都发生了变化,c'

不同于 c；另一方面，（33a）没有阻止跨语境引用间接转述测试。而根据卡佩伦和勒珀的观点，所有基本集内的语词（包括"我们"）都应当阻止该测试。

霍桑（J. Hawthorne）对第二项测试提出质疑。根据这项测试，"附近的"既可能是语境敏感的，又可能是语境不敏感的。①考虑如下情境：身在武汉的小瑛说，"我打算去附近的快餐店吃饭"，身在纽约的小轩说，"我打算去附近的快餐店吃饭"，我们可以做出真的共同跨语境引用间接转述——"小瑛和小轩说她们打算去附近的快餐店吃饭"，因而"附近的"是语境不敏感的；但是，倘若小瑛说，"黄鹤楼在附近"，小轩说，"时代广场在附近"，我们却得到了假的共同描述——"黄鹤楼和时代广场在附近"，因而"附近的"又是语境敏感的。

对第三项测试的质疑是：我们确实无法对基本集以外的表达式建立自然的实在语境转换论证吗？对此，莱斯莉（S. Leslie）持否定意见，她认为我们可以为"就绪""足够""每个"等建立起自然的实在语境转换论证。以"足够"为例：

（34）我刚刚搬了家，正打算在客厅的墙上挂一幅画。

---

① J. Hawthorne, "Testing for Context - Dependence", *Philosophy and Phenomenological Research*, Vol. 73, No. 2, 2006, p. 446.

画很轻，所以一个小的钩子是足够的（叙事语境）。昨天，朋友帮我在卫生间里挂一个 15 斤重的镜子（目标语境），她说，"一个小的钩子就是足够的了"。她所说的是假的，以镜子已碎为证。尽管如此，既然这幅画这么轻，一个小的钩子就是足够的了。①

因此，根据实在语境转换论证，基本集以外的表达式也可能是语境敏感的。②至此，我们发现三项测试的不稳定性：某个表达式既可能通过某测试，又可能通不过某测试。这显然不是最小论者希望看到的结果。

当然，卡佩伦和勒珀可以通过更加细致地刻画原语境（目标语境）与转述语境（叙事语境）的特征来回应上述反驳。比如，在第一个反例中，c' 并没有在影响语词 e（即"我们"）语义值的相关语境因素上不同于 c，因为无论是在 c 还是 c' 中，"我们"的指称都没有发生变化。这里存在两个问题：其一，由于三项测试的目的就是鉴别敏感性，那么在给这些测试下定义的时候，就不应当借助于

---

① S. Leslie,"Moderately Sensitive Semantics", in G. Preyer and G. Peter eds. , *Context－Sensitivity and Semantic Minimalism*：*New Essays on Semantics and Pragmatics*, Oxford：Oxford University Press, 2007, p. 137.

② 上述反驳均指向三项测试与语境敏感性的关系：它们究竟是语境敏感性的充分条件、必要条件还是充要条件？事实上，卡佩伦和勒珀曾表示，三项测试只为判别语境敏感性提供佐证（evidence），它们既不构成评判语境敏感性的充分条件，也非必要条件。因而可以说，最小论者并没有找到区分语境敏感性的恰当标准。参见 H. Cappelen & E. Lepore,"Replies", *Philosophy and Phenomenological Research*, Vol. 73, No. 2, 2006, p. 474。

该性质去界定两种语境的差异,这明显具有乞求论题的意味。其二,究竟应如何细致地刻画语境间的差异?就"我们"来说,若要保证任何间接转述都阻止这项测试,我们大致需要对 c' 做如下限制:c' 中的说者并不是"我们"所指称的任一对象。①然而,如果对"就绪"的转述语境做类似的限定,那么基本集以外的表达式也将阻止该测试,进而成为语境敏感的。

卡佩伦和勒珀希望通过三项测试来构建一整套划分语境敏感词的方法,以期对未述成分论者做出反驳,进而证明只有十分有限的表达式依赖于语境,为语义学研究保留一方净土,此乃他们主张区分最小语义内容与言语行为内容的深层原因。②不过,卡斯顿和雷卡纳蒂都指出,最小论者实际是在句法层面而非语义层面上谈论"共有内容"(shared content)的。事实上,语义内容会受到说者意图的影响,进而随语境的变化而改变。因而,它们既不可能仅

---

① K. Taylor, "A Little Sensitivity Goes a Long Way", in G. Preyer and G. Peter eds., *Context-Sensitivity and Semantic Minimalism: New Essays on Semantics and Pragmatics*, Oxford: Oxford University Press, 2007, p. 80.

② 在这一点上,最小论者倒是与卡普兰的看法类似。卡普兰曾经提及索引词的宽泛用法。他指出,在这种用法下,我们说一个语词是索引的大致等同于认为它是语境依赖的。但是卡普兰提醒我们应当谨慎一些,毕竟我们不会把所有歧义的语词都看作索引词。参见 D. Kaplan, "Demonstratives: An Essay on the Semantics, Logic, Metaphysics, and Epistemology of Demonstratives and Other Indexicals", in J. Almog, J. Perry and H. Wettstein eds., *Themes from Kaplan*, New York: Oxford University Press, 1977, p. 562。

受语义规则的制约，也不可能被共有。①

退一步讲，即使我们承认"西尔斯大厦很高"和"埃菲尔铁塔很高"之间确实存在"高"的共有语义内容，甚至认同最小论者声称的"西尔斯大厦很高"所表达的命题就是"西尔斯大厦很高"。一个必须被承认的事实是：仅仅依靠上述命题，我们根本无法获得确切的真值。正如雷卡纳蒂所言，最小论者所谓的字面成真条件太过抽象——既然它们没有确定任何真值，也就无法将那些满足成真条件的世界与不满足成真条件的世界区分开来。②反过来讲，一些句子（如"小明坚持不住了"）的字面成真条件恒为真；而另一些句子（"所有人都病了"）的字面成真条件恒为假，这似乎意味着说者所讲的每句话都有隐意。③如此一来，最小论者所捍卫的语义内容也就失去了存在的价值。

其实，在语义学层面，最小论者依然沿用了戴维森的外延式意义观，继而才会认为"天在下雨"所表达的语义

---

① R. Carston, "Relevance Theory and the Saying/Implicating Distinction", in L. Horn & G. Ward eds., *Handbook of Pragmatics*, Oxford: Blackwell, 2004, p. 653; R. Carston, "Linguistic Communication and the Semantics/Pragmatics Distinction", *Synthese*, Vol. 165, No. 3, 2008, pp. 330 – 332; F. Recanati, *Literal Meaning*, Cambridge: Cambridge University Press, 2004, pp. 67 – 68.

② F. Recanati, *Literal Meaning*, Cambridge: Cambridge University Press, 2004, p. 91.

③ R. Carston, "Relevance Theory and the Saying/Implicating Distinction", in L. Horn & G. Ward eds., *The Handbook of Pragmatics*, Oxford: Blackwell, 2004, p. 652.

内容就是"天在下雨",该命题为真当且仅当天在下雨,此即"天在下雨"的字面成真条件。不过,我们在前面的讨论提到过,戴维森本人也曾给出包含索引词句子的成真条件。在他看来,"我疲倦了"的成真条件是由〈句子、时间、人物〉三元序组共同确定的。既然如此,为何最小论者坚持反对"天在下雨"的成真条件是依赖于地点的呢?进一步地讲,为何他们拒绝承认"高的""红色""每个""足够"等表达式的指称内容确实会受到语境的影响?

最小论者可能会说,戴维森希望通过"我疲倦了"的例子来说明真之理论对所言之义仅起到部分作用。一方面,语义学旨在系统地刻画语言表达式的特征,它关注的是语言活动中最普遍的真,而不是语境下特定话语的真假。[1]从这个层面来讲,最小语义内容构成了交流和理解的基础。另一方面,虽然包含相同表达式的句子可以被用来完成不同的言语行为,进而具有不同的言语行为内容,但这些内容并不在语义学的讨论范围内。[2]

同为最小论者的博格(E. Borg)也指出,我们不应指

---

[1] H. Cappelen & E. Lepore, "On an Alleged Connection between Indirect Speech and the Theory of Meaning", *Mind and Language*, Vol. 12, No. 3/4, 1997, p. 289.

[2] H. Cappelen & E. Lepore, "Shared Content", in E. Lepore & B. Smith eds., *Oxford Handbook of Philosophy of Language*, Oxford: Oxford University Press, 2006, p. 1052; E. Borg, *Minimal Semantics*, Oxford: Clarendon Press, 2004, p. 263.

望语义学强大到足以揭示成功交际的全部奥秘。①在她看来，卡佩伦和勒珀的三项测试旨在将语境敏感表达式限制在基本集的范围内。问题在于，不同语义理论的关键分歧点不在于语境敏感表达式的数量，而在于其表达机制。②鉴于此，她认为最小论者应放弃最小语义内容与言语行为内容的划分方式，转而主张从语言使用者的认知结构模式出发。一方面，语义过程是模块化的形式解码过程，这一过程产生的是字面意义；另一方面，语用过程是非模块化的溯因推理（abductive inference）过程，这一过程达成对说者意义的理解，即产生交流意义。③具体来说，（10）的字面意义由"天""在""下雨"的词义和句法组合规则穷尽，从这一层面来看，只要（10）在原则上是真值可评价的即可（不需要时时刻刻都具有确切的真值）。④至于具体是何处在下雨，则需听者结合字面成真条件做出进一步的

---

① 该奥秘中既包括语言知识，也包括非语言知识；既关乎社会学、心理学，又关乎哲学、认知科学。因此，在博格看来，成功交际的基础不在于基本的语义学事实，而在于人类心灵复杂的模块式特征。参见 E. Borg, *Minimal Semantics*, Oxford: Clarendon Press, 2004, pp. 11–13。

② E. Borg, "Minimalism versus Contextualism in Semantics", in G. Preyer and G. Preyer eds., *Context–Sensitivity and Semantic Minimalism*, Oxford: Oxford University Press, 2007, p. 346.

③ 这一主张乃是基于福多（J. A. Fodor）的心灵模块论提出的。根据该理论，语义和语用分属于不同的认知领域，由不同的认知功能支撑：其中前者（即模块的部分）提供对封装（encapsulated）信息进行组合运算的规则；后者（非模块的部分）专注于对经过模块化处理的信息进行思考和推理。

④ E. Borg, *Minimal Semantics*, Oxford: Clarendon Press, 2004, p. 239.

推理，以获得（10）的交流意义。

诚然，语义学不会解决所有问题，最小论者在这一点上的判断是正确的。但是，对于那些包含"下雨""高的""知道""红色""足够"等表达式的句子而言，如果最小论者的分析仅限于区分最小语义内容与言语行为内容（抑或是语义认知功能与语用认知功能）并指出前者决定所言之义，却无法对这些句子所表达的内容做出具体的阐述，那么这种语义论始终都不会令人满意。①

---

① 本节部分内容出自笔者已发表的论文：《论语义最小论的三项测试》，《现代哲学》2015 年第 3 期。

第三章　未述成分的语用论分析

针对最小论和变元论的种种批评表明，或许我们应当返回到佩里的路径上去，转而在后语义学的范畴内分析未述成分的意义问题。鉴于格赖斯在该领域的杰出成就，接踵而至的问题是：格赖斯的理论是否适用于未述成分的意义分析？

我们知道，格赖斯将话语意义分为所言之义与所隐之意。所言之义与语词的习规意义紧密相关，除此之外还包括了解话语所发生的时间，明确索引词的指称以及消除歧义。[1]举个例子，假设华中科技大学哲学系的小张老师和小袁老师都热衷于设计海报。一天，小张将自己新做的海报拿给同事老张看，老张说：

---

[1] P. Grice, "Logic and Conversation", in P. Cole & J. L. Morgan eds., *Syntax and Semantics*, volume 3: *Speech Acts*, New York: Academic Press, 1975, p. 44.

（35）你的水平超袁。

在这里，确定（35）所言之义的步骤就包括：明确话语发生的时间（2016年12月12日），明确"你"和"袁"的指称（小张和小袁）以及消除歧义（小张的作品很有小袁的风格；或者小张的设计水平在小袁之上）。

回到例（10），如果我们采纳尼尔（S. Neale）和莱文森（S. Levinson）的观点，将所言之义等同于话语所表达的命题或句子内容的成真条件，[1]那么（10）中的未述成分确实应当被看作所言之义的一部分。然而，这又与格赖斯的论述相违背。因为补全下雨地点这一过程既无关乎句子发生的时间，也有异于明确索引词的指称或消除歧义。

鉴于此，有人主张将未述成分与所隐之意联系起来。按照格赖斯的划分，所隐之意包括习规隐意（conventional implicature）和非习规隐意。我们首先来看未述成分是否隶属于前者。

格赖斯指出，习规隐意是由语词显明地表达出来的，但它却并不影响句子的真值。比如：

（36）小明贫穷但诚实。

（36）的所言之义为两个并列陈述"小明贫穷"和

---

[1] S. Neale, "Paul Grice and the Philosophy of Language", *Linguistics and Philosophy*, Vol. 15, No. 5, 1992, pp. 520 - 521; S. Levinson, *Pragmatics*, Cambridge: Cambridge University Press, 1983, p. 97.

"小明诚实"。此外，(36)还有一层习规隐意，即"'小明贫穷'与'小明诚实'形成了对比"。这层习规隐意由语词"但"给出。不过，在说出(36)时，说者并不欲言倘若上述对比关系不成立那么(36)即为假。

不难发现，未述成分与产生习规隐意的语词（如"但""然而"）有着显著的区别：它们既没有被显明地表达出来，又会影响句子的成真条件。因此，未述成分的意义不属于习规隐意范畴。

会话隐意（conversational implicature）是最典型的非习规隐意，它是说者想要表达的言外之意，是超出字面意义的部分。格赖斯认为，听者会在合作原则和会话四则的指导下对其做出合理推测，因而会话隐意不影响所言之义的成真条件。[1]无可否认，包含气象动词、量词、比较形容词等表达式的话语可能产生会话隐意。但是，在推断会话隐意之前，我们至少要把握它们的字面意义才行，这又回到了问题的起点。

不少学者指出，未述成分对语言哲学提出了新的挑战。为了应对这一挑战，斯珀博（D. Sperber）、威尔逊（D. Wilson）、卡斯顿、雷卡纳蒂、巴赫等分别修正了格赖

---

[1] 由于习规隐意多半由语词的习规意义给出，因而一般认为习规隐意与所言之义都属于语义层面；而会话隐意则属于语用层面。

斯的学说。在这些新的观点下，气象动词等表达式中的未述成分或是明意（explicature），或是基本字面意义（primary literal meaning），或是含义（impliciture）。而我们之所以能够将其补充完整，乃是依赖于可选的而非强制的语用加工进程。

第一节　关联论

关联论者既不赞同斯坦利等变元论者的做法，也不赞同勒珀等最小论者的主张。在斯珀博和威尔逊看来，句子的逻辑形式中并不存在隐藏的变元；而且，最小语义内容在言语交流和理解中也没有什么实质性作用。[1]回到前面的例子（35），在确定"你"的指称和消除"超袁"的歧义之后，所获得的语义释义仍不是一个完整的命题。归根结底，是因为我们忽视了语用充实（pragmatic enrichment）过程。[2]

假设小张老师客串参加校艺术团钢琴专场毕业演出，她的学生小晔对小运说：

---

[1] R. Carston, "Linguistic Meaning, Communicated Meaning and Cognitive Pragmatics", *Mind and Language: Special Issue on Pragmatics and Cognitive Science*, Vol. 17, No. 1/2, 2002, p. 135.

[2] D. Sperber & D. Wilson, *Relevance: Communication and Cognition* (2nd edition), Oxford: Blackwell, 1995, p. 183.

(37) 张老师弹得还可以。

小晔表达的命题是：

(37a) 张瑛钢琴弹得还可以。

这里，(37a) 中的"钢琴"就是对 (37) 进行充实的结果。问题是：经确定指称、消除歧义和语用充实之后，我们所得到的是话语的所言之义还是所隐之意呢？一方面，听者小运需在把握 (37a) 的基础上进一步推测小晔的所隐之意（比如"张瑛是个多才多艺的女博士"或"张瑛没有韩晔钢琴弹得好"），因而 (37a) 不是 (37) 的所隐之意。另一方面，说者小晔可以在不自相矛盾的前提下否定 (37a)。假设小晔听过张瑛弹琵琶，相形之下，她说，"张老师弹得还可以，她只是钢琴弹得不怎么样"，这又意味着 (37a) 不是 (37) 的所言之义。①

可见，格赖斯就所言之义和所隐之意所做的区分并不完备。存在两者之间的一种意义：它们既不完全受语义规则制约，②又不属于所隐之意的范畴。因此，关联论者主张用明意和隐意的划分取而代之。

---

① 类似论述参见 D. Wilson & D. Sperber, "On Grice's Theory of Conversation", in P. Werth ed., *Conversation and Discourse*, London: Croom Helm, 1981, pp. 158–159。

② 在斯珀博和威尔逊看来，不只是语用充实，就连确定指称和消除歧义也已经超出了语义规则的范畴，因为它们都要依赖于语境信息与关联原则。参见 D. Wilson & D. Sperber, "On Grice's Theory of Conversation", in P. Werth ed., *Conversation and Discourse*, London: Croom Helm, 1981, p. 157。

一 明意与隐意

斯珀博和威尔逊将言语交流看作一种认知加工进程,而话语则是该过程的主要输入对象。①一旦说者说出一个句子,听者的认知加工系统便对输入的语言刺激进行处理,通过解码而获得其逻辑形式(或语义表征)。虽然逻辑形式是合式的(well-formed),但却不一定是语义完整的(semantically complete)。听者需要在识别说者意图的基础上对不完整的逻辑形式加以详述(development),以获得具有确切真值的命题形式。②

也就是说,话语与它所描述的事态通过三种关系建立联系:首先是从话语到经解码后得到的逻辑形式;其次是将逻辑形式详述为完整的命题形式;最后是从命题形式到它所描述的事态。③其中,通过对逻辑形式进行详述而获得的意义是明意;其他那些由语境信息和百科记忆推断而得

---

① 确切来说,该认知加工进程的输入对象既可能是外在刺激(比如气味和声音),也可能是需再加工的内在表征(如气味的识别、记忆或话语的解码)。参见 D. Wilson & D. Sperber, "Truthfulness and Relevance", *Mind*, Vol. 111, 2002, p. 601。

② D. Sperber & D. Wilson, *Relevance: Communication and Cognition* (2nd edition), Oxford: Blackwell, 1995, p. 72。

③ 即使具有相同的命题形式,话语所表达的命题态度也可能不同。而不同的命题态度对应于不同世界中的不同事态。参见 D. Wilson & D. Sperber, "Representation and Relevance", in R. Kempson ed., *Mental Representations: the Interface between Language and Reality*, Cambridge: Cambridge University Press, 1988, p. 134。

的为隐意。①比如，对于话语（37），听者小运先经语义解码获得其逻辑形式"张老师弹得还可以"；再根据该形式及说者意图而将（37）详述为命题形式或基本明意（37a），乃至更高阶的明意（37b）或（37c）；②进而推断出隐意（37d）或（37e）。

（37b）小晔说张瑛钢琴弹得还可以。

（37c）小晔相信张瑛钢琴弹得还可以。

（37d）张瑛不是个书呆子。

（37e）张瑛钢琴弹得没有小晔好。

从获得方式来看，明意和隐意均被看作认知加工过程中有效的关联输入。前者由话语解码和语用推理（pragmatic inference）联合获得，后者则完全依赖语用推理。我们知道，传统观点认为所言之义近似于句子内容的成真条件，而所隐之意（特别是会话隐意）则被划入语言的使用范畴，因而所言之义与所隐之意粗略地分别对应于语义的层面与语用的层面。不过，根据关联论者的看法，一方面，语义学实则包含两层意义：语言学意义上的语义学和成真

---

① D. Sperber & D. Wilson, *Relevance: Communication and Cognition* (2nd edition), Oxford: Blackwell, 1995, p. 182.

② 高阶明意是基于基本明意所推断出的言语行为类型或命题态度，参见 R. Carston, "Explicit Communication and 'Free' Pragmatic Enrichment", in B. Soria & E. Romero eds., *Explicit Communication: Robyn Carston's Pragmatics*, London: Palgrave Macmillan, 2010, p. 223.

条件意义上的语义学,前者的功能在于将语言形式翻译成逻辑形式,其产生的可能是并不完整的命题框架(这不是言语交流的基本单位);后者的功能则在于将逻辑形式充实为命题形式,其产生的则是思想这类完整的命题实体(这其中包含大量的语用加工进程)。①另一方面,明意不仅指语言解码系统产生的输出,还包含向语用加工系统的输入,因而明意与隐意并不直接地和语义与语用相呼应。

事实上,用明意与隐意取代所言之义与所隐之意只是关联论者迈出的第一步。他们还有更宏伟的目标:用关联原则取代会话四则,进而指出交流的基础是对关联的期望,而非对真值的期望。②

二 关联原则

关联论者指出,成本(加工努力)和效用(正面认知

---

① 我们也可以将这两种意义对应于卡普兰所谓的特征和内容。参见 R. Carston, "Implicature, Explicature and Truth-theoretic Semantics", in R. Kempson ed., *Mental Representations: the Interface between Language and Reality*, Cambridge: Cambridge University Press, 1988, pp. 177 – 178; R. Carston, "Linguistic Meaning, Communicated Meaning and Cognitive Pragmatics", *Mind and Language: Special Issue on Pragmatics and Cognitive Science*, Vol. 17, No. 1/2, 2002, p. 136; R. Carston, "Explicit Communication and 'Free' Pragmatic Enrichment", in B. Soria & E. Romero eds., *Explicit Communication: Robyn Carston's Pragmatics*, London: Palgrave Macmillan, 2010, pp. 269 – 270。

② 有关关联原则为何以及如何取代会话四则的相关论证,参见 D. Wilson & D. Sperber, "On Grice's Theory of Conversation", in P. Werth ed., *Conversation and Discourse*, London: Croom Helm, 1981, pp. 165 – 174。

作用）的比率决定着关联性的高低。①该比率越高，说明输入信息的关联性就越大。具体而言，在同等条件下，加工输入信息所获得的效用越高，其关联性就越强；而为获得该效用所花费的知觉、记忆或推理成本越大，该输入的关联性就越弱，它所吸引的注意力也就越小。不过，人们不会单纯地为获得成本和效用间的最高比率而期待最大效用和最小成本。事实上，我们仅期许以必要的成本及充分的效用来获得最佳关联（optimal relevance）。鉴于此，威尔逊和斯珀博给出了三组关联原则：

（R1）某话语对听者来说是最佳关联的当且仅当：

（R1-a）该话语足够关联，值得听者付出加工努力；

（R1-b）该话语是与说者的能力及偏好相符合的最为关联的。

（R2）关联的第一原则（认知原则）：人类的认知系统倾向于加工可获得的最关联输入。

（R3）关联的第二原则（交流原则）：每个话语都表达一种假定——它本身是最佳关联的。②

---

① 正面认知作用指的是能够增加会话参与者的知识量，增强其记忆力和想象力的那些认知效用，参见 D. Wilson & D. Sperber, "Truthfulness and Relevance", *Mind*, Vol. 111, 2002, p. 601。

② D. Wilson & D. Sperber, "Truthfulness and Relevance", *Mind*, Vol. 111, 2002, pp. 603-604; D. Sperber & D. Wilson, *Relevance: Communication and Cognition* (2nd edition), Oxford: Blackwell, 1995, p. 158.

由上可得：从说者的角度来讲，他希望自己付出必要的最小成本并尽可能在听者身上产生最大效用；对听者而言，无论是获得明意还是推断隐意，都需在三组关联原则的基础上，结合自身的背景假定，通过语言解码不断地验证假设，进而理解话语的意义。据此，说者意义的获取步骤可被概括为：

（i）计算认知效用时花费尽可能少的努力，以可获得性为序验证各个释义（消除歧义、确定指称、语用充实、推导隐意）。

（ii）当最佳关联的期望被满足（或摒弃）时停止。

可见，言语理解是一个动态即时的（on-line）过程。[1]话语意义（明意和隐意）的生成和检验是并行的——明意可能会作用于隐意，隐意也可能影响明意。先前的假设随时可能被修正，再经由回溯推理（backward inference），直至获得最佳关联为止。

三 自由充实与概念调节

按照关联论者的观点，未述成分不仅存在于包含气象动词、量词、比较形容词的话语之中，它们几乎是无处不

---

[1] D. Wilson & D. Sperber, "Relevance Theory", in L. Horn & G. Ward eds., *Handbook of Pragmatics*, Oxford: Blackwell, 2004, p. 613.

在的。①反过来讲，如果下例中不包含未述成分，那么便无法解释为何在消除歧义和确定指称之后，它们所表达的最小命题既不完整，也不符合说者意义。②比如：

（10）天在下雨。

（11）小明没拿够学分，他不能继续了。

（38）小雯离开了小明并且她很伤心。

（39）发生了一些事。

（40）在图书馆。

这就要求认知主体在关联原则的指导下，将话语的逻辑形式扩充为语义上完整、真值可评价的命题形式。在上述过程中，语言输入模块和中枢推理系统共同发挥作用。③就佩里的例子而言，他的儿子在说出（10）之前，中枢推理系统首先做出分析：如果父亲贯彻认知原则，那么他的认知系统倾向于优先加工可获得的最关联项。而当（10）

---

① 鉴于此，不少学者将关联论者划归到"激进语境论"（或"激进语用论"）一派。参见 R. Carston, "Explicit Communication and 'Free' Pragmatic Enrichment", in B. Soria & E. Romero eds., *Explicit Communication: Robyn Carston's Pragmatics*, London: Palgrave Macmillan, 2010, p. 266。

② R. Carston, "Relevance Theory and the Saying/Implicating Distinction", in L. Horn & G. Ward eds., *Handbook of Pragmatics*, Oxford: Blackwell, 2004, p. 639。

③ 虽然对于上述例子而言，语言输入模块所起到的作用会逐渐减弱，但依然是不容忽视的。参见 D. Sperber & D. Wilson, *Relevance: Communication and Cognition* (2nd edition), Oxford: Blackwell, 1995, p. 185; R. Carston, "Implicature, Explicature and Truth-theoretic Semantics", in R. Kempson ed., *Mental Representations: the Interface between Language and Reality*, Cambridge: Cambridge University Press, 1988, p. 167。

进入佩里的语言输入模块后，他会思考："天在下雨"的完整命题形式是什么？究竟是哪里的天空在下雨？彼时，佩里的中枢推理系统会做出如下分析：如果儿子贯彻交流原则，那么该话语一定是最佳关联的；如果它是最佳关联的，那么我所花费的加工努力就应该是最小的。所以，下雨的地点即会话的所在地，（10）的释义为"（帕洛阿尔托的）天在下雨"。①

上述过程即自由充实（free enrichment）的结果，其中"自由"表明其是可选的语用进程；"充实"则指在逻辑形式的基础上添加其他概念成分（conceptual constituent）的过程。②关联论者认为，自由充实普遍存在于包含未述成分的话语理解过程中。以量词为例，回顾前面的例子（9），为把握说者意义，听者需将地点成分"参加聚会的"添加到解码后的逻辑形式之中，进而将"每个人都喝醉了"自由充实为"参加聚会的每个人都喝醉了"。

对于那些包含比较形容词（如"高的"）及知识归属词（如"知道"）的话语而言，听者则会进行概念调节

---

① 值得注意的是，既然（10）的逻辑形式在语义上并不完整，将其补完的方式就不会只有一种。也就是说，（10）的释义可能有很多。其中一些对于听者而言是可获得的，另一些则不然。

② R. Carston, "Linguistic Meaning, Communicated Meaning and Cognitive Pragmatics", *Mind and Language: Special Issue on Pragmatics and Cognitive Science*, Vol. 17, No. 1/2, 2002, p. 137.

(concept adjustment)。①调节后的概念可能比原概念宽泛，也可能比原概念具体。比如，在听到"刘翔很高"以后，听者首先对单个概念"高"进行语言解码（以得到该概念的普遍意义和百科属性），然后再将整个话语作为理解说者意义的参考系，经回溯推理得出相关的其他属性，以得到调节后的概念"高*"，进而获得"刘翔很高"的明意。

四 反驳与回应

关联论者诉诸自由充实和概念调节过程来诠释未述成分的意义和理解问题，认为它们是在关联原则指导下经语用推导所获得的明意。鉴于此，对关联论的反驳主要集中在三个方面：其一，明意与隐意的区分度问题；其二，命题形式的详述是否存在过分生成问题；其三，关联原则及其指导下的语用推理进程之属性问题。

在关联论者看来，无论是获得明意还是隐意，语用加工进程都贯穿始终。因此，被语义论者视为交流基础的语义内容不再有任何用武之地。②最小论者质疑这一论断。他们反问，为何听者可以在不同的知识背景下获得说者想要

---

① 由于概念调节的对象是解码后逻辑形式中的单个概念，因而这一过程并不像自由充实那样会导致句子结构的改变。

② 鉴于此，也有学者称关联论为"语义怀疑论"，参见 J. King & J. Stanley, "Semantics, Pragmatics and the Role of Semantic Content", in Z. Szabó ed., *Semantics versus Pragmatics*, Oxford: Oxford University Press, 2005, p. 138。

表达的内容？又是什么使转述者在不了解使用语境的情形下依然可以进行转述，甚至表示赞同或反对？①

变元论者更进一步指出，在言语理解中扮演重要角色的不是关联论者所声称的明意，而是传统的所言之义。斯坦利认为，明意根本就是多余的，因为根据逻辑形式和格赖斯的会话原则就可以获得话语所表达的命题内容。②而且，一方面，关联论者认为明意与隐意只有逻辑上（而非时间上）的先后；另一方面，语用加工过程既作用于明意，又作用于隐意，二者的获取又被认为是并行、即时的进程，那么我们是很难将它们区分开来的。

就此批评，卡斯顿倒不以为意。她指出，区分明意与隐意并非难事，毕竟前者是被说者显明地表达出来的。③再者说，如果放弃明意与隐意之分，沿袭格赖斯的做法，那么只能将（10）中下雨的地点纳入所言之义的范畴，这并不是合理的做法。考虑这样的例子，假设三月的广州连续下了一周的雨，小晶刚刚给沈阳的父母打了一通电话，然后和室友小雪聊起天来：

---

① H. Cappelen & E. Lepore, *Insensitive Semantics*: *A Defense of Speech Act Pluralism and Semantic Minimalism*, Oxford: Blackwell Publishing, 2005, p. 124.

② J. Stanley, "Review of Robyn Carston's *Thoughts and Utterances*", *Mind and Language*, Vol. 20, No. 3, 2005, p. 366.

③ R. Carston, "Implicature, Explicature and Truth – theoretic Semantics", in R. Kempson ed., *Mental Representations*: *the Interface between Language and Reality*, Cambridge: Cambridge University Press, 1988, p. 178.

(41) 小晶：天在下雨。

小雪：是啊，现在是广州的雨季。

小晶：不，我指的不是广州，而是沈阳。

如果将"（广州的）天在下雨"看作所言之义，那么就无法解释何以其会在随后的对话中被否定（或取消）。但是，一旦接受关联论者的主张，问题便迎刃而解。"（广州的）天在下雨"所表达的明意既依赖于语言的解码意义，又依赖于相应的语境特征和语用规则。因此，对明意的否定（或取消）不仅是可能的，而且不会导致任何矛盾。①

变元论与关联论的第二个分歧在于：前者认为未述成分存在于深层的句法结构或逻辑形式之中；后者则认为未述成分的补全是语用加工的结果。在上一章末尾，我们曾谈到变元论可能会过分生成不必要的变元。类似地，斯坦利指出，语用加工进程同样会导致这一问题。回顾我们曾

---

① 不过，斯坦利认为这一辩护依然存在问题。假设清早小雪在阳台上晾了几件衣服就出门了，中午天色暗沉，小雪给室友小晶打电话让她帮忙收衣服，小晶说，"洗个手先，我刚吃过"。根据关联论，"我刚吃过"的明意为"小晶（刚用手）吃过（东西）"。再假设小晶刚刚和隔壁宿舍的小佳一起吃过冒菜，若小佳想要否认上述明意，她会怎么说呢？斯坦利认为，小佳并不会直接否定小晶："那是假的"或"不，你没吃过"。因而，根据辖域原则，关联论者要么承认明意与所言之义一样无法被否定（或取消）；要么承认"小晶刚（用手）吃过（东西）"不是"我刚吃过"的明意。参见 J. Stanley, "Review of Robyn Carston's *Thoughts and Utterances*", *Mind and Language*, Vol. 20, No. 3, 2005, p. 368。

举过的例子：

(18) 几乎每种动物里都有块头大的。

按照关联论者的主张，听者经由一系列隐性的语用加工过程将其详述为：

(18b) 几乎每种动物都有一些成员，它们的尺寸相对于同类来说是大的。

既然如此，为何我们不将所有不合语法的句子（如"雷佳音每个女粉丝握了手"）都详述为合法的（"雷佳音与他的每个女粉丝握了手"）呢？换言之，如果关联论者声称的隐性语用加工进程无时不在，而我们又可以自由随意地进行充实和调节，那么不合语法的句子便不复存在了。[①]

针对这种反驳意见，关联论者否认不合法的句子可以通过自由充实而变得合法。事实上，斯珀博和威尔逊曾经强调，对逻辑形式进行详述这一过程不是没有限制条件的——该逻辑形式首先需是合式的，而不合法的句子显然不满足这一条件。但是，即便斯坦利认同这一前提，鉴于同一合式的逻辑形式可以被详述为多种不同的命题形式，斯坦利依然可能提出过分生成之质疑。不过，卡斯顿明确

[①] J. Stanley, "Making It Articulated", *Mind and Language*, Vol. 17, No. 1/2, 2002, p. 162.

地否认了这一可能性。她表明,自由充实和概念调节都受语用因素驱动,它们是非强制性的——听者会自然而然地依照最佳关联这一需求来决定是否将未述成分加以充实或调节。而且,一旦达成了预期的认知效果,听者也就不必再花费多余的心力了。①

问题是,听者究竟是如何自然而然地依照关联原则去理解说者意义的?巴赫指出,在关联论者那里,"关联"已经失去了其常规的意义,因为它被界定为一种比率。所谓的最佳关联,不过是在加工努力与认知效果之间达到相对高的比率值。然而,增加(或减少)加工努力的同时也将降低(或提高)认知效果,因此如何获得最佳关联这一问题根本就是无法得到确切答案的伪问题。②就此疑问,斯珀博和威尔逊承认他们的确无法提供认知效用和加工努力间的精确比率。但他们指出,关联原则至少使得认知主体可以在不同的输入之间加以权衡,进而合理分配认知资源,

---

① R. Carston, "Implicature, Explicature and Truth – theoretic Semantics", in R. Kempson ed., *Mental Representations: the Interface between Language and Reality*, Cambridge: Cambridge University Press, 1988, p.170; R. Carston, "Explicit Communication and 'Free' Pragmatic Enrichment", in B. Soria and E. Romero eds., *Explicit Communication: Robyn Carston's Pragmatics*, London: Palgrave Macmillan, 2010, pp.237 – 239.

② K. Bach, "Impliciture vs Explicature: What's the Difference?", in B. Soria & E. Romero eds., *Explicit Communication: Robyn Carston's Pragmatics*, London: Palgrave Macmillan, 2010, p.136.

以便达成交流目标。①

在格赖斯看来,交流是一种理性行为,人们遵循着合作原则和会话四则等一系列规范性原则。从这些原则出发,听者更容易了解说者意图,进而把握说者意义。因而,意义的表达就是意图的表达,对意义的理解就是对意图的理解。这种对说者意义的刻画被看作个体性(personal)或反思性(reflective)的。与之相对,关联论者则关注心理机制层面的对象与行为之间具体的(domain-specific)、自动的(automatic)因果联系,即为何某些输入(话语)会导致某些输出(说者意义),因而关联论仅在亚个体性(sub-personal)或心理模块的框架下讨论语言的意义问题。②

或许,我们可以将上述两种路径分别看作规范性与功能性的。如此一来,将关联原则描述为一种准则就显得不太合适了。事实上,在亚个体的功能层面,所谓的关联原则只是认知主体所采用的一种加工策略而已。③而且,如果加工对象仅由各类直接的知觉表征构成,那么关联论者的

---

① D. Wilson & D. Sperber, "Relevance Theory", in L. Horn & G. Ward eds., *Handbook of Pragmatics*, Oxford: Blackwell, 2004, p. 626.

② R. Carston, "Linguistic Meaning, Communicated Meaning and Cognitive Pragmatics", *Mind and Language: Special Issue on Pragmatics and Cognitive Science*, Vol. 17, No. 1/2, 2002, p. 131.

③ 斯珀博和威尔逊也曾指出,人们在交流中所遵守的并不是普遍的关联原则,而是该原则的特别例示。参见 D. Wilson & D. Sperber, "Representation and Relevance", in R. Kempson ed., *Mental Representations: the Interface between Language and Reality*, Cambridge: Cambridge University Press, 1988, p. 140。

视角或许没有太大问题。不过，他们自己也承认意图和推理（特别是回溯推理）在意义理解中的作用，那么只承认输入与输出之间的因果联系及明意与隐意的模块性，否认输入与输出之间的理性联系及说者意义（特别是隐意）的反思性，则显得颇为不妥。

第二节　基本字面意义论

传统观点认为，我们先经语义释义得到句子的成真条件（或所言之义），再经语用加工获得说者意义（或所隐之意）。①在这种观点下，语义加工与语用加工彼此分离，它们属于两种不同的模块——语言的知识模块与思想（或心智）的知识模块，后者并不介入于前者。②基本字面意义论者雷卡纳蒂与关联论者斯珀博等均对上述观点提出质疑。在他们看来，语义加工进程与语用加工进程彼此融合，影响成真条件的因素并不都是语义层面的，真值语用论

---

① 卡普兰和斯坦利均是传统观点的坚定捍卫者。以索引词为例，虽然他们均不否认说者意图等语用因素会影响索引词的指称乃至句子的成真条件，但他们坚称这从根本上应归因于语义规则。正是语词的语义规则（或特征）提请听者开启相应的语用加工模式，进而获得其意义与成真条件。

② F. Recanati, *Truth Conditional Pragmatics*, Oxford: Clarendon Press, 2010, p. 2.

(truth – conditional pragmatics）因此得名。①不过，雷卡纳蒂并不赞同那种将所有意义问题（特别是未述成分的意义分析）全部归结至认知领域的做法。

一 意义与语用加工的层次

雷卡纳蒂继承了格赖斯关于所言之义与所隐之意的划分传统，并区分了所言之义的两种用法。在第一种用法下，所言之义指的是类型字面意义（type – literal meaning）或恒定意义（standing meaning），亦即不受语境影响的约定意义或话语的字面成真条件。因而，其所提供的仅是语义图式（semantic schema）或命题函数，而非一个真值可评价的完整命题。②在第二种用法下，所言之义指的是基本字面意义，亦即话语的直观（intuitive）成真条件。虽然类型字面意义在每个基本字面意义中均有所体现，但除此以外，基本字面意义还会受到语境因素的影响。

相形之下，所隐之意即非字面意义，它是以基本字面意义为基础，经过推理而获得的引申意义（secondary mean-

---

① 广义上来讲，关联论者（如斯珀博和威尔逊）、含义论者（如巴赫）、基本字面意义论者（如雷卡纳蒂）均属真值语用论阵营。

② F. Recanati,"What is Said", *Synthese*, Vol. 128, No. 1/2, 2001, p. 85; F. Recanati, "Literal/Nonliteral", *Midwest Studies in Philosophy*, Vol. 25, No. 1, 2001, p. 264.

ing),①比如会话隐意与间接言语行为。

考虑下述情境，幼儿园老师给小彤妍分了一大块蛋糕，同班的小无忌十分生气，狠狠地咬了小彤妍一口。小彤妍疼得哭起来，其他小伙伴喊道：

（42）她哭了。

老师连忙跑过来安慰小彤妍：

（43）你不会死的。

按照雷卡纳蒂的划分标准，（42）和（43）的类型字面意义分别为"她哭了"和"你不会死的"；（42）和（43）的基本字面意义分别为"小彤妍哭了"和"小彤妍不会（被小无忌咬）死的"。此外，它们还可能产生其他引申意义，如（42）的引申意义可能是"老师快来安慰小彤妍吧"或"小彤妍需要抱抱"。

雷卡纳蒂认为，引申意义与基本字面意义分别对应于不同的加工进程。其中，引申意义是在基本字面意义的基础上，由间接语用加工进程（secondary pragmatic process）获得的。在上面的例子中，对"小彤妍哭了"之会话隐意"小彤妍需要抱抱"的获取就是非强制性的，它属于间接语用加工进程。

---

① 雷卡纳蒂也将基本字面意义与引申意义统称为场合意义（occasion meaning）。

基本字面意义则是语义加工和直接语用加工进程（primary pragmatic process）共同作用的产物。其中，直接语用加工进程既包括强制性的语用饱和（saturation），又包括非强制性的语用调适（modulation）。在上面的例子中，确定索引词"她""你"的指称是语用饱和的结果；将"小彤妍不会死的"中的未述成分"被小无忌咬"补全则是语用调适的结果。

二 未述成分的种类

在基本字面意义论的框架下，未述成分被划分为言语交流层面和形而上学层面两种。具体而言，如果某一成分构成理解说者意义的重要部分，那么它就是言语交流层面的未述成分，如下雨的地点之于"天在下雨"；反之，任何事件或行为都发生于某地，这是一个形而上学事实，与之相应的即形而上学层面的未述成分，该成分并不是说者意欲表达出来的，如跳舞的地点之于"她正在跳舞"或吃饭的地点之于"她晚饭吃了牛排"。[①]

雷卡纳蒂坦言，他只关注言语交流层面的未述成分。这一层面的未述成分又分为两类：A 类未述成分和 B 类未

---

① 同一成分可能既在形而上学层面是未述的，也在言语交流层面是未述的，就如（10）中下雨的地点。参见 F. Recanati, "Unarticulated Constituents", *Linguistics and Philosophy*, Vol. 25, No. 3, 2002, p. 306。

述成分。对于 A 类未述成分而言，如果我们不将其补全，得到的是一个错配（mismatch）、不够具体（less specific）的命题，就如吃饭的时间之于"我吃过饭了"；对于 B 类未述成分而言，如果不将其补全，得到的则是一个不完整、真值不可评价的空命题，就如身高的标准之于"刘翔很高"。

雷卡纳蒂指出，B 类未述成分不是真正意义上的未述成分（充其量可称为弱意义上的未述成分）。虽然它们在句法层面是未述的，但若要获得包含其话语的成真条件就必须将其补全。比如，当听到"刘翔很高"时，语词"高"引发听者去寻找相应的比较类，进而获得该句子的语义值。并且，对于任何包含"高"的句子而言，听者均需执行上述加工过程，毫无例外。而 A 类未述成分则不然，是否将其补全乃是自由的、可选的语用过程，允许存在例外。①鉴于此，雷卡纳蒂提出可选论证（Optionality Argument），以期证明只有 A 类未述成分才是真正意义上未述的。

三 可选论证

可选论证背后的依据是：如果一个表达式不是真正未

---

① F. Recanati, "Unarticulated Constituents", *Linguistics and Philosophy*, Vol. 25, No. 3, 2002, p. 312.

述的，那么无论它何时出现，我们都需结合语境因素将其补全，这是一种强制性的语义约定；反之，如果一个表达式是真正未述的，是否将其补全则依赖于可选的语用加工进程。依照这一思路，以"天在下雨"为例，只要我们能够描述出一种使用语境，在其中即使不补全下雨的地点，它仍然表达一个完整的命题，那么该地点成分就是真正未述的。①

为了证明以上论断，雷卡纳蒂构造了这样的情境：一个雨水稀少且珍贵的地区遍布着监控室，在其中有专门的雨水探测器，一旦下雨，就会触响监控室中的闹铃。②假设小明正在监控室的隔壁房间做作业，听到铃声，他说：

（10*）天在下雨。

在该语境下，我们无须知道下雨的地点，也可以确定小明所言的语义值。因此，（10*）中包含着真正的未述成分，它并不是时时存在于相应句子逻辑形式中的特定变元。

---

① F. Recanati, "Unarticulated Constituents", *Linguistics and Philosophy*, Vol. 25, No. 3, 2002, p. 323.
② 该地区可能是地球上的某一特定领域，也可能是整个地球。参见 F. Recanati, "Unarticulated Constituents", *Linguistics and Philosophy*, Vol. 25, No. 3, 2002, p. 317。

鉴于此，基本字面意义论对变元论做出反驳。①以颜色形容词为例，变元论者声称每个颜色形容词（如"红色"）均包含一个隐藏索引词，该索引词限定了究竟是对象的哪个部分被赋予颜色（"红色"）的性质。②如果变元论者所言非虚，那么将隐藏索引词补全就是强制性的过程。雷卡纳蒂则指出，是否需要补全颜色形容词中的未述成分完全取决于所赋颜色之事物的复杂性，而绝非该形容词自身的特征。事实上，我们可以毫不费力地建立起"红色"的可选论证。比如，对于"设想一个红色的表面"或"设想一个红色的点"而言，即便不借助语境去调适"红色"与其所修饰的名词（"表面"或"点"），它们依然可以表达完整的命题。③

四 拓宽与巩固

在雷卡纳蒂看来，确定传统索引词的指称乃是强制性的、自下而上（bottom-up）的语用饱和过程。然而，就

---

① 基本字面意义论与变元论都认为，包含索引词和 B 类未述成分的句子要经过强制性的饱和过程才表达完整的命题。只不过，变元论者将饱和过程看作语义层面的；而基本字面意义论者却将饱和过程看作语用层面的。相形之下，二者的分歧在 A 类未述成分领域表现得更为明显。

② Z. Szabó, "Adjectives in Context", in R. M. Harnish & I. Kenesei eds., *Perspective on Semantics, Pragmatics, and Discourses*, Amsterdam: Benjamins, 2000, p. 137.

③ F. Recanati, *Truth Conditional Pragmatics*, Oxford: Clarendon Press, 2010, p. 58.

未述成分而言，并没有相应的语词（乃至其特征）提醒听者开启语用加工模式。因此，将未述成分补全是可选的，自上而下（top-down）的语用调适过程。也就是说，直接语用加工进程中的饱和和调适均对话语的成真条件产生影响。一方面，逻辑形式中的索引词和自由变元通过饱和过程才能获得相应的语境值；另一方面，调适过程中的巩固（strengthen）与拓宽（broaden）则使表达式获得更加确切的意义。①

就绝对等级形容词"空的"来说，虽然其类型字面意义是"什么也不包含"，但其基本字面意义却可以被拓宽。作为语用调适机制的一种，拓宽指的是意义延伸（sense extension）。比如，当我们说"电影院是空的"的时候，"空的"可能并不意味着"什么也不包含"，而是"电影院里只有零星几个观众"。可以说，绝对等级形容词（"空的"）的基本字面意义在一定程度上偏离了它的类型字面意义，这是其与所修饰名词（"电影院"）相互调适的结果。②

同样地，气象动词的语义结构中并不包括表示地点的隐藏索引词。根据可选论证，补全下雨地点的过程不是强

---

① F. Recanati, *Truth Conditional Pragmatics*, Oxford: Clarendon Press, 2010, p. 42.
② Ibid., p. 69.

制的，而是自由的语用扩补过程。有时，雷卡纳蒂也称这种过程为巩固。与拓宽相对，巩固指的是意义细化（sense elaboration）。比如，当说出"天在下雨"的时候，我们希望听者可以通过意义细化将下雨的地点补全，尽管该句子本身并没有（明显或隐藏地）出现具体的下雨地点。

五　反驳与回应

就未述成分的意义分析而言，基本字面意义论与变元论的分歧主要在 A 类未述成分上。对于 B 类未述成分（如"高的""小的""地方的"等）来说，由于这些词语本身会引发听者寻找相关的比较标准或视角，因此其补全由饱和过程实现；而只有 A 类未述成分才是真正意义上未述的，其补全由调适过程实现。雷卡纳蒂认为，区分二者的关键在于能否为其构建出合理的可选论证。

如前文所述，既然我们可以建立起"下雨""红色""空的"的可选论证，那么气象动词、颜色形容词、绝对等级形容词的意义与理解便均是语用调适的结果。但雷卡纳蒂也发现，语用调适过程并不适用于所有的 A 类未述成分。为何会出现这种现象？仔细想来，不难发现这与其提出的未述成分划分标准有关。

即便我们认同雷卡纳蒂的观点，承认 B 类未述成分的相关限制域是由这些语词本身激发的，因而将它们补全是自下而上的、强制性的过程，但我们并没有足够的理由从本质上将"下雨"和"空的"这类表达式区别于"高的"和"小的"。①或许我们可以说，A类未述成分的限制域同样是被这些语词本身所促发的。倘若如此，基本字面意义论便会滑向变元论。

根据约束论证，任何未述成分都不是真正未述的，它们存在于句子的逻辑形式之中。然而，雷卡纳蒂却构造出"天在下雨"的使用语境，即使不锁定下雨的地点，(10*)依然表达完整的命题。这似乎就意味着将该成分补全不是出于恪守某种语义规则的需要，而是出于语用加工的需要。

正如雷卡纳蒂所言，在一些场合下，我们确实需要将(10)的原逻辑形式修正为(44)，以获得相应话语的语义值；在另一些场合下，由(10*)的原逻辑形式(44*)便可以对其语义值作出判断。②

(44) ∃e∃t [现在 (t) ∧ 时间 (t, e) ∧ 下雨 (e) ∧ 地点 (帕洛阿尔托, e)]

---

① K. Taylor, "Sex, Breakfast, and Descriptus Interruptus", *Synthese*, Vol. 128, No. 1/2, 2001, p. 53.

② F. Recanati, *Truth Conditional Pragmatics*, Oxford: Clarendon Press, 2010, p. 93.

(44*) ∃e∃t［现在（t）∧ 时间（t, e）∧ 下雨（e）］

然而，马蒂（L. Marti）却提出反驳意见。她指出，在小明的例子中，下雨的地点依然需要补全——（10*）所表达的完整命题不是"天在下雨"，而是"［这个地区］的天在下雨"。①换言之，雷卡纳蒂为"下雨"所构建的可选论证并不成立，气象动词中并不存在真正的未述成分。②

就此反驳，雷卡纳蒂建议我们区分广义和狭义的下雨地点：前者指的是整个地区；后者则指该地区的具体方位。③在小明的例子里，由于整个地区雨水奇缺，一旦探测器的铃声响起，就意味着该地区的某地下雨了（这是一件值得庆贺的事情），因而（10*）表达的是一个具有确定真值的存在性命题，我们不需时时将下雨的地点补全。可以看出，马蒂补全的"这个地区"正是广义层面的，这并不构成对可选论证的反驳。而且，即便马蒂是对的，她也很难讲明天气动词与其他事件动词（如"跳舞""牵手"）的区别——既然任何事件都发生于一个广义的地点（如

---

① L. Marti, "Unarticulated Constituents Revisited", *Linguistics and Philosophy*, Vol. 29, No. 2, 2006, p. 154.

② 马蒂支持变元论者的基本主张，她认为，未述成分在逻辑形式中是已述的，句子的成真条件受语义内容的制约，并不受语用加工进程的影响。

③ F. Recanati, "It is Raining（Somewhere）", *Linguistics and Philosophy*, Vol. 30, No. 1, 2007, pp. 137－138.

"地球"），如若该地点存在于"天在下雨"的逻辑形式中，那么便有理由认为其同样存在于"女孩子比男孩子更喜欢跳舞"及"他们俩没有牵过手"的逻辑形式之中。①

此外，基本字面意义论的核心论断"语义加工与语用加工彼此影响，共同作用于话语的成真条件"受到最小论者的激烈批评。卡佩伦和勒珀指出，如果语义内容不同程度地受到语用因素的影响，那么这样的语义内容将会完全失控。在这种情形下，如何保证听者和说者分别有相同的语义内容？顺利交流是否将变成一种奢望？而实际上，我们确实能够在不同的语境中成功进行交际，因此雷卡纳蒂的主张是错误的。②

雷卡纳蒂回应到：一方面，所谓的最小语义内容并不具有心理实在性（psychological reality）；③另一方面，既然交流每时每刻都在进行着，交流的奢望也就无从谈起。事实上，必定有某种东西可以确保听者与说者聚焦于相同的话语内容。这些因素包括：说者和听者具有相同的心理机制；说者和听者不断地协调和修补；出于语言中存在大量

---

① F. Recanati, "It is Raining (Somewhere)", *Linguistics and Philosophy*, Vol. 30, No. 1, 2007, p. 143.
② H. Cappelen & E. Lepore, *Insensitive Semantics*: *A Defense of Speech Act Pluralism and Semantic Minimalism*, Oxford: Blackwell Publishing, 2005, p. 123.
③ F. Recanati, "What is Said", *Synthese*, Vol. 128, No. 1/2, 2001, p. 88.

模糊性，交流双方对误解的容忍度亦随之加强等。①

我们曾在上一节对关联论框架下的语用推理进程之属性问题提出质疑。②从这一点上来看，雷卡纳蒂的双层语用加工理论的确值得借鉴。一方面，基本字面意义的加工（直接语用加工）被看作局部的（local）、联想的（associative）、亚个体性的；另一方面，引申意义的加工过程（间接语用加工）则被看作全面的（global）、推理的、个体性的。不过，雷卡纳蒂还强调，基本字面意义（或直观成真条件内容）只在逻辑上而非时间上先于引申意义（或间接言语行为内容）。③这里似乎隐藏着一种矛盾，就像卡斯顿指出的那样：如何既保留对双层加工的划分，又对基本字面意义与引申意义之间并行、共时的互动过程做出合理的说明？④

为了回答这一问题，雷卡纳蒂区分了两种个体层面的推理。第一种个体层面的推理是有意识的、显性的、发生

---

① F. Recanati, *Truth Conditional Pragmatics*, Oxford: Clarendon Press, 2010, pp. 7 – 8.

② 如前所述，关联论者认为明意的获取与隐意一样，其基本原则都是寻求最佳关联，因而所涉及的语用过程都是亚个体性的。鉴于此，明意与隐意的获取是并行的、共时的动态过程。

③ F. Recanati, *Literal Meaning*, Cambridge: Cambridge University Press, 2004, p. 47.

④ R. Carston,"How Many Pragmatic Systems are There", in M. Frápolli ed., *Saying, Meaning, Referring: Essays on François Recanati's Philosophy of Language*, London: Palgrave Macmillan, 2007, pp. 24 – 25.

性的（occurrent）；第二种个体层面的推理是隐性的、倾向性的（dispositional），不过主体能够将它们显性化，并为结论提供合理的证明。①间接语用加工进程指的是第二种个体层面的推理，虽然它们表面上与直接语用加工进程是并行的、共时的，但认知主体仍可通过反思重现前提与结论之间的推理链条。②

然而，即便上述辩护是合理的，雷卡纳蒂依然面临两个难题。其一，一旦承认间接语用加工进程可能是隐性的，那么如何在直观上将其与亚个体性的直接语用加工进程区分开来？其二，既然将真正未述成分补全是可选的、自上而下的直接语用加工过程，那么其与全面的、个体性的间接语用加工进程在本质上又有何区别？③可见，虽然双层语用加工进程的提法有其可取之处，但依然面临着由界限不清导致的诸多理论困难，而若不能将其合理化解，该理论的价值必将大打折扣。

---

① F. Recanati, *Literal Meaning*, Cambridge: Cambridge University Press, 2004, pp. 49–50.

② Ibid., p. 50.

③ 雷卡纳蒂在随后的回应中指出，即使所有的语用加工进程都是亚个体性的（即个体性/亚个体性之分无法被用来区分双层加工理论），也不意味着直接加工进程与间接加工进程之间毫无差别，不过他并没有给出区分双层加工过程的其他标准。参见 F. Recanati, "Recanati's Reply to Carston", in M. Frápolli ed., *Saying, Meaning, Referring: Essays on François Recanati's Philosophy of Language*, London: Palgrave Macmillan, 2007, p. 52。

第三节 含义论

我们曾谈到,后期卡普兰转而认为决定真正指示词指称的不是指示动作,而是说者意图。作为交流辅助项(communication facilitator)的指示动作,就如说者可能忽然放慢或加快语速一样,其作用仅限于帮助说者表达意图,本身并不具有任何语义价值。[①]

瑞茉(M. Reimer)并不赞同上述观点,她通过四个例子表明:第一,决定真正指示词指称的不是意图,而是指示动作;第二,指示动作是具有语义价值的。[②]

例一:假设三只小猫和一只小狗在草地上玩耍。这时,我们不借助指示动作或说者意图也可以确认"那个小狗叫阿旺"中"那个小狗"的指称。

例二:假设在草地上玩耍的四只小狗中只有一只在汪汪大叫。这时,我们同样无须借助于指示动作或说者意图便可以确定"那个小狗叫阿旺"中指示词的指称,因为叫声使"那个小狗"成为语境中最为凸显的对象。

[①] D. Kaplan, "Afterthoughts", in J. Almog, J. Perry and H. Wettstein eds., *Themes from Kaplan*, New York: Oxford University Press, 1989, pp. 582–584.

[②] 详细论述参见 M. Reimer, "Do Demonstrations Have Semantic Significance", *Analysis*, Vol. 51, No. 4, 1991, pp. 177–182.

例三：假设在草地上玩耍的四只小狗中只有一只在汪汪大叫，但说者的注意力却被另一只小狗所吸引（它像极了自己养的泰迪小白）。这时我们就需要指示动作来帮助确定"那个小狗和小白长得真像"中"那个小狗"的指称。因而，指示动作是具有语义价值的。

例四：假设两只小狗在草地上赛跑，说者本想指着跑在前面的阿旺说"那个小狗叫阿旺"，但他实际指向的却是突然冲上来的小白。在这种情况下，被指示项并不是说者意欲指称的阿旺，而是伴随指示动作呈现的小白。按照卡普兰的说法，如果决定真正指示词指称的是说者意图，被指示项应是阿旺，此时"那个小狗叫阿旺"为真。但显然，在本例中，说者指着小白说出的"那个小狗叫阿旺"是假的。因而，决定真正指示词指称的不是说者意图，而是指示动作。

一 心中意图与指称意图

巴赫认为，瑞茉之所以得出与卡普兰相反的结论，是因为她错将说者意图等同于心中意图。而根据卡普兰的主张，说者意图不见得是他心中所想的那一个，还可能是由指示动作所呈现的并希望听者予以识别的另外一个。[1]鉴于

---

[1] K. Bach, "Intentions and Demonstrations", *Analysis*, Vol. 52, No. 3, 1992, p. 143.

此，卡普兰将说者意图划分为心中意图（have-in-mind intention）与指向意图两种。指向意图是听者可视的对象，既可能是说者心中所想，也可能不是，巴赫也称其为指称意图（referential intention）。①

巴赫指出，上述四例中决定真正指示词指称的均是指称意图。在前两个例子中，由于说者的心中意图与指称意图一致，若"那个小狗叫阿旺"并未伴随任何指示动作发生，那么说者意欲指称的就是语境中最凸显的对象，并且说者认为听者可以轻而易举地识别出这一意图。在例三中，由于说者意欲指称的对象并非语境中最为凸显的那个，为了便于听者识别自己的指称意图，说者便会采用相应的指示动作。在例四中，说者的心中意图与指称意图不一致，而我们之所以认为"那个小狗"的指示项是小白，是因为被识别出的指称意图是小白（虽然说者的心中意图是阿旺）。

总之，在巴赫看来，指称意图由始至终均起到决定作用。而作为交流辅助项的指示动作和语境凸显性虽具有一定的语用贡献，却没有任何语义价值。②

---

① D. Kaplan, "Afterthoughts", in J. Almog, J. Perry and H. Wettstein eds., *Themes from Kaplan*, New York: Oxford University Press, 1989, p.583.
② K. Bach, "Intentions and Demonstrations", *Analysis*, Vol.52, No.3, 1992, p.144.

二 言义、含义与隐意

关联论者和基本字面意义论者既沿袭了格赖斯的二分法，又主张扩大所言之义的范畴，以便将未述成分纳入其中。然而，在含义论者看来，这并不是解决问题的正确方式。事实上，格赖斯对于所言之义与所隐之意的划分并不完备，我们应做出所言之义（言义）、所含之义（含义）、所隐之意（隐意）的三重区分。①

我们要对言义进行纯语义学路径的分析——巴赫既不否认言义在交流和理解中所扮演的角色，也不认为语用加工进程会对它产生影响。②在这种分析框架下，任何与交流意图（communicative intention）有关的因素都被排除在外，言义单纯地由语言因素和语义意图（semantic intention）决定。③虽然由言义不见得会获得一个完整的、真值可评价的命题，但这正是巴赫的论点所在。

---

① 其中前者对应于格赖斯的所言之义（语言意义或句子意义），后两者对应于格赖斯的所隐之意（交流之意或说者意义）。
② 在这一点上，含义论与变元论不谋而合。但值得注意的是，虽然他们均沿用了格赖斯对于所言之义的界定，但还是存在细微差别。比如，未述成分被含义论看作含义而非言义，而变元论则倾向于将未述成分归为言义范畴。
③ 语义意图决定说者所使用的语词在句子中具有的恒常意义，交流意图决定说者倾向于让听者从他的话语中获得的意义。参见 K. Bach, "You Don't Say?", *Synthese*, Vol. 128, No. 1/2, 2001, p. 28; K. Bach, "Saying, Meaning and Implicating", in K. Allan & K. M. Jaszczolt eds., *The Cambridge Handbook of Pragmatics*, Cambridge: Cambridge University Press, 2012, p. 50。

含义介于言义和隐意之间，它不介入语言层面，仅存于概念层面。①一方面，含义不同于言义，因为它并没有被说出来；而且与言义相比，含义不存在于句法之中，甚至可以被取消。另一方面，含义也不同于隐意：隐意隐藏于言义，是一种言外之意（除了字面意义外，还有额外的意义）。含义则包含于言义，是一种言它之义（以字面意义为基础，但比句子的字面意义更为具体）。②回顾前面谈到过的例子：

（10）天在下雨。

（12）钢是足够坚固的。

（14）我吃过饭了。

（15）你不会死的。

听者需要对（10）和（12）进行概念填补（conceptual fill in）以明确哪里的天空在下雨；钢对于何种用途而言是足够坚固的。同样地，听者也需要对（14）和（15）进行

---

① K. Bach, "Conversational Impliciture", *Mind and Language*, Vol. 9, No. 2, 1994, p. 133.

② 可见，字面意义论与含义论的分歧在于：雷卡纳蒂将未述成分划入言义的基本字面意义范畴，而巴赫却将未述成分划入含义的非字面意义范畴。在巴赫看来，一方面，未述成分并不对应于句子中的任何构成部分，因而不在言义之列；另一方面，非字面意义不仅存在于隐意、隐喻、讽刺之中，它还有更为广阔的内涵——既有语词层面的，也有句子层面的。参见 K. Bach, "Conversational Impliciture", *Mind and Language*, Vol. 9, No. 2, 1994, pp. 136 – 138; K. Bach, "Quantification, Qualification and Context: A Reply to Stanley and Szabó", *Mind & Language*, Vol. 15, No. 2/3, 2000, p. 263。

语用充实（pragmatic flesh out）以确定"我"曾有过吃饭的经历还是在某个特定时刻吃过饭；"你"获得了永生还是不会因某个具体事件而死去。因此，我们得到：

（10a）［帕洛阿尔托的］天在下雨。

（12a）钢［对于光谷体育馆的整体构架来说］是足够坚固的。

（14a）我［今天］吃过饭了。

（15a）你不会［因轻微划伤手指而］死的。

巴赫认为，方括号中的未述成分超越了言义，属于含义范畴。对它们进行概念填补或语用充实的过程都是语用的。其中，概念填补也被称为完形（completion），语用充实也被称为扩展（expansion）。①

概而言之，含义分为两类：第一类指那些句法上完全、语义上欠确定的（underdeterminate）话语，对于这类命题残缺（propositional radical），听者需要做出概念填补（或完形）以获得完整的命题，就如（10a）和（12a）那样；第二类含义存在于信息量不足的骨架命题（skeletal proposition）之中，虽然它们是真值可评价的，但听者依然需做出

---

① 换言之，含义论者反对在上述例子中预设任何隐藏的句法成分或语义变元的做法。巴赫明确指出，虽然在分析句子时将自由变元引入语义表征当中无可厚非，但这不意味着这些成分或变元就是真实存在的。参见 K. Bach, "You Don't Say?", *Synthese*, Vol. 128, No. 1/2, 2001, p. 30。

语用充实（或扩展）以把握确切的说者意义，就像（14a）和（15a）那样。

三 意图与语境

我们知道，无论是未述成分的语义论还是语用论，他们都不否认语境与未述成分之间的联系。二者争论的焦点在于，究竟是语境中的哪些因素在何种意义上确定了未述成分的意义？[①]针对这一问题，巴赫在言义/含义及语义语境/语用语境的双重区分下给出了自己的答案。

一方面，与交流者意图无关的语义语境构成性地（constitutively）确定句子的言义，比如我们可根据说者、听者、交谈时间等客观因素锁定纯粹索引词的指称及句子的时态。假设小彤妍的爸爸打算给女儿洗澡，女儿却说：

（45）我洗过澡了。

根据相关的语义语境信息，可得（45）的言义"小彤妍洗过澡了"。

另一方面，由于未述成分（如上例中的［今天］）已经超出了言义的范畴，与之相关的便不是语义语境。事实

[①] 巴赫将语境看作共享的认知环境，其中包括当前的交谈状况（谁说了什么，指称了什么）、实体背景（交流者是否面对面）以及交流者之间达成的广泛共识。参见 K. Bach, "Context ex Machina", in Z. G. Szabó ed., *Semantics versus Pragmatics*, Oxford: Oxford University Press, 2005, p. 21。

上,未述成分的含义是被认知性地(epistemically)确定的,真正起决定作用的是说者的交流意图。①不过,巴赫还强调,语用语境虽为我们把握含义提供了有益的证据,但交流意图并不是语用语境的一部分。理由有两个:第一,语境应当是无差别的共享信息库,而交流意图却无法满足这一要求,很显然它对于说者和听者来讲是不同的;②第二,说者选择合适的语词和表达方式来表明自己的意图,他并不需要靠识别自己的意图来明确其要表达的意义。③因此,虽然未述成分的含义是在语用语境中确定的(determined in context),但它却不是由语用语境所决定的(determined by context)。

四 反驳与回应

巴赫在反驳瑞茉时指出,指示动作本身不具有语义价值,它只起到辅助交流的作用,真正具有语义价值的是指称意图。不过他又认为,指称意图是交流意图的一部分,因而不属于语义语境。那么,我们应当如何理解指称意图

---

① K. Bach,"Quantification, Qualification and Context: A Reply to Stanley and Szabó", *Mind & Language*, Vol. 15, No. 2/3, 2000, p. 271; K. Bach, "You Don't Say?", *Synthese*, Vol. 128, No. 1/2, 2001, p. 29.
② K. Bach,"You Don't Say?", *Synthese*, Vol. 128, No. 1/2, 2001, p. 30.
③ K. Bach,"Quantification, Qualification and Context: A Reply to Stanley and Szabó", *Mind & Language*, Vol. 15, No. 2/3, 2000, p. 272.

的真正语义价值?

此外,巴赫主张对纯粹索引词和真正指示词进行区别对待。一方面,纯粹索引词的指称由语义语境客观地、构成性地决定;另一方面,真正指示词的指称乃至未述成分的含义却在语用语境中由交流意图决定。考虑下例:

(46) 你和那个女孩同一天生日。

按照巴赫的观点,在包含时间、地点、人物的语义语境中,我们可以确定传统索引词"你"的指称,以获得(46)的言义;但由于(46)中还包含真正指示词和未述成分,因此只有借助于语用语境和交流意图,我们才能明确"那个女孩"的指称并将表示时间段的未述成分补全。即是说,只有在语义语境以外,受制于交流意图的真正指示词和未述成分之意义才得以确定。这里至少存在三个问题:

其一,巴赫关于"交流意图不是语用语境的构成部分"的论断值得商榷。他给出的理由是,语用语境对于听者和说者而言应是一致的,而说者的交流意图与听者的交流意图不一致,因而交流意图不属于语用语境。在这里,巴赫混淆了两个概念:听者的交流意图与听者所识别到的说者的交流意图。我们知道,若要保证交流顺利开展,说者的交流意图与听者所识别到的说者的交流意图应是一致的。

而只要满足这一条件,我们就可以说,交流意图对于听者和说者而言一致。巴赫所要求的"说者的交流意图与听者的交流意图一致"就如限定"听者的背景信息与说者的背景信息一致"一样,根本就是无法达到的标准。然而,我们却不会因说者的背景信息与听者的背景信息有出入就将背景信息隔离在语境的范围之外。事实上,说者和听者背景信息中的共同部分(即共识)才被看作语境的构成部分。同理,我们也应将交流意图中的共同部分(说者意图与听者对说者意图的识别)看作语用语境的构成部分。

其二,退一步讲,即便巴赫的上述论断是正确的,既然真正指示词和未述成分的意义都由交流意图决定,而交流意图却不是语用语境的一部分,那么我们应当如何理解真正指示词或未述成分的意义是在语用语境(不包含交流意图)中被确定的?

其三,我们知道,按照格赖斯的看法,确定言义的过程包含(但不限于)明确索引词(无论是纯粹索引词还是真正指示词)的指称。然而,根据巴赫的观点,既然真正指示词的指称由交流意图决定,那么它们既不在言义之内,也超出了语义语境的范畴。[1]这不仅与格赖斯的初衷背道而驰,也与巴赫本人的说法相矛盾——他曾表示我们理应在

---

[1] K. Bach, "You Don't Say?", *Synthese*, Vol. 128, No. 1/2, 2001, p. 33.

言义之中确定传统索引词的指称。①

巴赫借用奥斯汀对以言表意行为（locutionary act）和以言行事行为的划分来化解这一矛盾。他强调，纯粹语义学意义上的言义是以言表意行为的内容，在这一维度上，说者仅仅是说出了一个句子，其内容依赖于语义意图。不过，在以言行事维度上，说者则断言了一个命题，其内容（包括索引词及未述成分）被交流意图所决定。②由此可见，巴赫只可能在以言表意（而非以言行事）层面上来捍卫纯粹语义学意义上的言义。③

巴赫之所以自始至终都在强调意图的关键作用，很重要的一个原因是他不认为关联原则可以从根本上刻画言语的交流过程。在他看来，关联论者仅以听者角度阐释以言取效行为（perlocutionary act）的做法是不恰当的。我们应

---

① K. Bach, "Saying, Meaning and Implicating", in K. Allan & K. M. Jaszczolt eds., *The Cambridge Handbook of Pragmatics*, Cambridge: Cambridge University Press, 2012, p. 50.

② K. Bach, "Context ex Machina", in Z. G. Szabó ed., *Semantics versus Pragmatics*, Oxford: Oxford University Press, 2005, p. 19; K. Bach, "Saying, Meaning and Implicating", in K. Allan & K. M. Jaszczolt eds., *The Cambridge Handbook of Pragmatics*, Cambridge: Cambridge University Press, 2012, p. 49.

③ 根据格赖斯的意见，说出就意味着断言，言义本就是说者意义的一部分，因而它应当是以言行事层面（而非以言表意层面）的。为了化解这种矛盾，巴赫否认格赖斯"言义即说者意义"的论断，指出所言当中并不一定包含着说者意义（比如翻译或复述），说者意义也并不一定由言义来实现（比如语词的误用或隐意）。参见 K. Bach, "You Don't Say?", *Synthese*, Vol. 128, No. 1/2, 2001, pp. 17–18; K. Bach, "Saying, Meaning and Implicating", in K. Allan & K. M. Jaszczolt eds., *The Cambridge Handbook of Pragmatics*, Cambridge: Cambridge University Press, 2012, p. 47。

从互补的说者视角和听者视角出发，毕竟交流本就是参与者之间相互协调（coordination）的过程。[1]从说者的角度讲，他预设与听者拥有相同的语言与非语言信息，通过使用那些易于表达其意图的语言，从而使听者识别出他的会话目标；从听者的角度讲，他预设与说者享有相同的语境，以便于识别说者的交流意图并把握说者意义。[2]但与此同时，巴赫却忽视了语义释义与语用释义之间的重要区别。要知道，既然以言表意层面的言义由语义释义决定，而语义释义仅与语言知识相关，[3]那么在以言表意和语义语境层面预设所谓的语义意图便显得相当突兀。因为一旦允许意图进入语义语境之中，他就无法捍卫纯粹语义学意义上的言义了。

事实上，以言表意层面的言义大致相当于雷卡纳蒂的类型字面意义。由于在多数情况下，这种意义并不构成完整的命题。况且一旦脱离了可被听者识别的意图，该命题的真值便不可评价了，也就不会在听者的理解过程中获得

---

[1] K. Bach, "Impliciture vs Explicature: What's the Difference?", in B. Soria & E. Romero eds., *Explicit Communication: Robyn Carston's Pragmatics*, London: Palgrave Macmillan, 2010, p.133.

[2] K. Bach, "Saying, Meaning and Implicating", in K. Allan & K. M. Jaszczolt eds., *The Cambridge Handbook of Pragmatics*, Cambridge: Cambridge University Press, 2012, p.48.

[3] 说者意义（以言行事层面的言义、含义和隐意）由语用释义决定，只有语用释义才关乎交流者的行为与意图。参见 F. Recanati, "What is Said", *Synthese*, Vol.128, No.1/2, 2001, pp.82-84。

心理表征,[①]因而基本字面意义论者和关联论者均指责这一层面的言义根本就不具有心理加工意义上的实在性。[②]此外,变元论者还对以言行事层面的言义提出质疑,认为它们会因过分生成问题而失去解释力。[③]

巴赫在回复上述批评时指出,即使以言表意层面的言义不具有显明的实在性,它依然可能具有倾向的实在性。[④]况且,听者如何理解说者的言义与说者表达了怎样的言义是两回事,虽然刻画言语理解的动态过程是心理学的重要课题,但这与语义学并不相关。[⑤]

不难设想,巴赫可能会诉诸于格赖斯的会话四则来回应以言行事层面言义的过分生成问题。即便如此,这一层面的言义依然给含义论带来了不小的麻烦。试想,如若承认以言行事层面的言义会受到交流意图乃至语用语境因素的影响,也就等于承认完形或扩展两种语用加工进程既作

---

① 雷卡纳蒂认为,获得心理表征的是基本字面意义(或话语的直观成真条件)。

② F. Recanati, "The Alleged Priority of Literal Interpretation", *Cognitive Science*, Vol. 19, No. 2, 1995, p. 230; F. Recanati, "What is Said", *Synthese*, Vol. 128, No. 1/2, 2001, p. 89; R. Carston, *Thoughts and Utterances: the Pragmatics of Explicit Communication*, Oxford: Blackwell Publishing, 2002, p. 174.

③ J. King & J. Stanley, "Semantics, Pragmatics and the Role of Semantic Content", in Z. Szabó ed., *Semantics versus Pragmatics*, Oxford: Oxford University Press, 2005, p. 141.

④ K. Bach, "Conversational Impliciture", *Mind and Language*, Vol. 9, No. 2, 1994, p. 158.

⑤ K. Bach, "You Don't Say?", *Synthese*, Vol. 128, No. 1/2, 2001, p. 25.

用于含义，又作用于以言行事层面的言义。那么，以言行事层面之言义与含义还有何分别？是否在隐意之外将言义与含义加以区分本就是画蛇添足的做法？

第四章 未述成分的相对论分析

可以看出，语义论者和语用论者均不否认未述成分的内容会随使用语境的变化而变化。他们的分歧在于这一内容究竟是语义加工的结果还是语用加工的结果。相对论者另辟蹊径，[①]他们称包含未述成分（尤其是 B 类未述成分）的句子所表达的命题是非标准命题，这类命题仅相对于使

---

① 我们并不按是否提出"某物相对于 P 而具有特征 F"这一主张来划分相对论与非相对论。原因很简单，无论是语义论还是语用论，其主张都可以被概括为"未述成分相对于（语义或语用的）使用语境而敏感"。这样一来，语义论与语用论都将被归入相对论阵营。

用语境之外的另一变量才具有相应的语义值。①不过，不同的相对论者所参照的相关变量也有所差别。其中，变况相对论认为这一参量是个体（individual）、视角（perspective）、品味标准（standard of taste）等；评判相对论则认为这一参量是评判语境（context of assessment）。

第一节 变况相对论

变况相对论者将"真"谓词看作一个三元序组（s，c，$\langle w, i \rangle$），其中 s 是句子，c 是使用语境，$\langle w, i \rangle$ 是赋值变况

---

① 事实上，在相对论阵营里又有真值相对论（truth relativism）和内容相对论（content relativism）之分（变况相对论和评判相对论都属于真值相对论范畴）。与真值相对论相比，内容相对论的主张要激进得多。在他们看来，不同的受者（audience）或释义语境（context of interpretation）不只改变了句子的语义值。更为根本的是，它们还改变了句子所表达命题的内容。比如，伊根指出，包含索引词"你"的句子所表达的内容不仅相对于说者的处境特征而敏感，它们还相对于受者的处境特征而敏感；而卡佩伦则指出，说明书和法律文本这种规定性语言都是释义敏感的，同一话语可能在不同的释义语境中表达不同的命题内容。不过，由于内容相对论者并未谈及未述成分的意义问题，因而本部分讨论仅围绕真值相对论展开。有关内容相对论的详细论述，参见 A. Egan, "Billboards, Bombs, and Shotgun Weddings", *Synthese*, Vol. 166, No. 2, 2009, pp. 251 – 279; H. Cappelen, "Content Relativism and Semantic Blindness", in M. García – Carpintero & M. Kölbel eds., *Relative Truth*, New York: Oxford University Press, 2008, pp. 265 – 286; H. Cappelen, "Creative Interpreter: Content Relativism and Assertion", *Philosophical Perspectives*, Vol. 22, No. 1, 2008, pp. 23 – 46; M. Kölbel, "Motivations for Relativism", in M. García – Carpintero & M. Kölbel eds., *Relative Truth*, New York: Oxford University Press, 2008, pp. 1 – 38.

(w和i分别代表可能世界和相关参量)。①在他们看来，B类未述成分的敏感性不只与语境及可能世界有关。即使世界固定不变，相应命题的真值依然会随变况（或变址）中的参量而变化。②

一 语境、变况与变址

变况相对论的早期雏形可追溯至卡普兰和路易斯（D. Lewis），前者区分了使用语境与赋值变况；后者则区分了语境与变址。③按照路易斯的观点，语境是句子发生的时间、地点和可能世界，其中包含着多种特征；变址则是语境特征的n-元序对，其在数量上远低于语境中的那些特征，又与语境相异——变址中甚至可包括说者出生前的某一时间及他不曾存在过的可能世界。④

因此，当我们说句子的语义值依赖于语境特征时，这种依赖性既可能指语境依赖（context-dependence），也可能指变址依赖（index-dependence）。即给出一个句子的语义值就意

---

① M. Kölbel, "Motivations for Relativism", in M. García-Carpintero & M. Kölbel eds., *Relative Truth*, New York: Oxford University Press, 2008, p. 17.

② M. Kölbel, "The Evidence for Relativism", *Synthese*, Vol. 166, No. 2, 2009, pp. 382-383.

③ 卡普兰的相关论述详见本书第一章第二节。

④ D. Lewis, "Index, Context and Content", in S. Kanger & S. Öhman eds., *Philosophy and Grammar*, Dordrecht: Reidel Publishing Company, 1980, p. 79.

味着明确如下关系：句子 s 在语境 c 变址 i 下为真。①问题是，到底哪些语境及变址要素与句子的语义值相关？又或者说，在给出句子的成真条件时，是否所有语境特征都会进入人们的视线范围？

路易斯指出，事实上，我们只需关注那些可变换的（shiftable）语境特征。并且，在考察句子的语义值时，人们还会改变某个特定的语境特征，以判断这一变化对语义值产生了怎样的影响。鉴于此，路易斯强调：一方面，每个语境都有其原始变址，变址上 n 元序组的坐标分别对应于语境的各个特征；另一方面，变换某个语境特征后所获得的不再是语境，而是变址。②

假设笔者在当下的语境 c_1 中说：

（47）如果有人在这里讲话，那么我存在。

很显然，这个句子是真的。而且，即使将语境变换为 c_2、c_3、c_4，它也依然为真。但是，如果语境中的某个特征（比如说世界）发生变化，其成真条件将如何变化？有人提议我们应当在新语境 c_5 下考察（47）的真值，但路易斯并不赞成这

---

① D. Lewis,"Index, Context and Content", in S. Kanger & S. Öhman eds., *Philosophy and Grammar*, Dordrecht: Reidel Publishing Company, 1980, p. 79.
② 换言之，变换原始变址中的任一坐标，我们便获得了该语境的其他变址，句子的语义值也可能因此发生变化。参见 D. Lewis, "Index, Context and Content", in S. Kanger & S. Öhman eds., *Philosophy and Grammar*, Dordrecht: Reidel Publishing Company, 1980, p. 86。

种观点。①在他看来，如果称语境 c_1 的原始变址为 i_1，变换世界特征后 c_1 的变址为 i_2，那么（47）在语境 c_1 变址 i_1（或简称语境 c_1）下为真；而"必然地，如果有人在这里讲话，那么我一定存在"在语境 c_1 变址 i_2 下则为假。

如果将上述分析应用于 B 类未述成分，我们不难发现："刘翔很高"可能相对于某些比较等级变址为真，相对于另外的比较等级变址为假；"香草味的冰淇淋好吃"可能相对于某些品味标准变址为真，相对于另外的口味标准变址为假；"摩尔知道他有一双手"可能相对于某些知识归属标准变址为真，相对于另外的知识归属标准变址为假。概言之，B 类未述成分是变址（或变况）敏感的。

二 无错分歧与自主命题

如果张三断定 p 而李四断定并非是 p，毫无疑问张三和李四之间存在分歧。通常我们会认为，二人之中仅有一个是正确的。比如，假定张三断定盒子里只有三块饼干，而李四则认为该盒子里并非只有三块饼干，那么二者的断言必有一假。

---

① 原因在于，任何两个语境的区别都不仅体现为某个单一特征——一旦其中一个发生改变，其他相应的特征也会发生变化；反过来讲，语境变换单一特征后，得到的只可能是变址。参见 D. Lewis, "Index, Context and Content", in S. Kanger & S. Öhman eds., *Philosophy and Grammar*, Dordrecht: Reidel Publishing Company, 1980, pp. 86–87。

然而，如果 p 与口味或审美判断有关，即使张三和李四之间存在分歧（张三认为柠檬味的饼干好吃，李四认为柠檬味的饼干不好吃），直觉上他们二人的判断都没错，这一现象被称为无错分歧（faultless disagreement）。概括而言，无错分歧指的是：甲断定（或相信）p 而乙断定（或相信）非 p；甲和乙的判断（或信念）都没有出错。[①]

针对这一现象，变况相对论者克尔贝尔（M. Kölbel）依次批判了实在论、表达论和内容相对论，并指出只有在"语境—变况"框架下，无错分歧才能够得到合理的审视。[②]在克

[①] M. Kölbel, "Faultless Disagreement", *Proceedings of the Aristotelian Society*, Vol. 104, No. 1, 2004, p. 54.

[②] 比如，温和实在论者认为存在分歧就意味着有错，我们之所以认为他们"无错"是因为其在认知上是无错的。克尔贝尔认为这一辩护无法解释错误的来源：既然在认知上无错，也就意味着即便始终遵循正确的方法，依然无法发现并规避错误。表达论者认为张三所断定的"柠檬味的饼干好吃"和李四所断定的"柠檬味的饼干不好吃"仅用来表达对于柠檬味饼干的情感或态度，它们不是具有真值的命题。然而，克尔贝尔指出，既然张三的上述断言没有真值，那么假如张三断定"校车上有六名小学生"，这一断言有真值吗？答案显然是肯定的。既然如此，表达论者就需要对上述两种断言做出区分，而这将从根本上抹杀同样作为断言的"柠檬味的饼干好吃"与"校车上有六名小学生"之间的共同点。内容相对论者认为张三和李四之间并不存在分歧。张三所断定的内容是"比起原味的冰淇淋，张三更偏爱香草味的"；李四所断定的内容是"比起香草味的冰淇淋，李四更偏爱原味的"。即是说，一旦我们将其中的未述成分补全，便会发现张三和李四之间本就不存在分歧。克尔贝尔借用最小论者的跨语境引用间接转述测试对其做出反驳，"好吃"并不能通过这一测试，从而间接证明"香草味的冰淇淋比原味的好吃"与"原味的冰淇淋比香草味的好吃"中并不包含未述成分。参见 M. Kölbel, "Faultless Disagreement", *Proceedings of the Aristotelian Society*, Vol. 104, No. 1, 2004, p. 60; M. Kölbel, "An Argument for Relativism", *Think*, Vol. 5, No. 14, 2007, p. 59; M. Kölbel, "The Evidence for Relativism", *Synthese*, Vol. 166, No. 2, 2009, p. 392。

尔贝尔看来，之所以会产生无错分歧，是因为概念和命题本就有客观与非客观之分。客观概念犹如同音（unisono），包含客观概念的命题是客观命题；非客观概念犹如复调（polyphonic），包含非客观概念的命题是自主（discretionary）命题。①

若说者断定（或相信）了一个客观命题，他便完成了一项以言行事行为。这一行为受如下规范制约：在语境 c 中断定（或相信）命题 p 的行为是正确的，仅当 p 在 c 的可能世界中为真。②因此，若张三断定（或相信）p 而李四断定（或相信）非 p，他们二人中必有一人出错，客观命题不会产生无错分歧。③

然而，若说者所断定（或相信）的是一个自主命题，上述规范将发生变化。具体来讲，对于包含"高的""美味的""漂亮的"等自主内容的命题而言，制约它们的规范仅要求：说者的断言（或信念）从他的视角而言是正确

---

① 同音演奏者步调一致，复调演奏者虽不一致但却和谐，参见 M. Kölbel, "An Argument for Relativism", *Think*, Vol. 5, No. 14, 2007, pp. 56–57。

② M. Kölbel, "Faultless Disagreement", *Proceedings of the Aristotelian Society*, Vol. 104, No. 1, 2004, p. 67; M. Kölbel, "Motivations for Relativism", in M. García-Carpintero & M. Kölbel eds., *Relative Truth*, New York: Oxford University Press, 2008, p. 10.

③ M. Kölbel, "'True' as Ambiguous", *Philosophy and Phenomenological Research*, Vol. 77, No. 2, 2008, p. 376.

的。①以此为据，说者会采取某种行动（比如张三会买香草味的冰淇淋，而李四则会买原味的冰淇淋）；反之亦然。②也就是说，非客观概念在不同人身上会有不同的表征和标准。对于包含这类概念的命题而言，不同的赋值点（point of evaluation），即赋值变况中的视角参量适用于不同的人，同一命题在不同的视角变况下会有不同的真值。回到前面的例子，虽然张三和李四在同一可能世界中就饼干的口味进行交流，但各自的视角却是不同的：一方面，他们的分歧体现在其所断定（或相信）截然相反的命题上（"柠檬味的饼干好吃"或"柠檬味的饼干不好吃"），二人的断言（或信念）在同一视角下有且仅有一个为真；另一方面，张三和李四的断言（或信念）在各自不同的视角变况下又均无错。

三 认识模态

伊根（A. Egan）等指出，除了比较形容词和品味标准以外，对于包含认识模态和未来可能（future contingent）等变况敏感词的句子而言，其所表达命题的语义值也会随

---

① M. Kölbel,"Faultless Disagreement", *Proceedings of the Aristotelian Society*, Vol. 104, No. 1, 2004, p. 70.
② M. Kölbel,"An Argument for Relativism", *Think*, Vol. 5, No. 14, 2007, p. 59.

赋值变况中个体参量的改变而变化。①

以认识模态句为例，比如，在华中科技大学哲学系科哲组硕士论文答辩会现场，只有陈老师迟迟未到。万老师问："陈老师在哪？"小奎知道陈老师有回家午休的习惯，便说："陈老师可能在家。"（事实上陈老师并不在家，他在南三楼参加学校紧急召开的教学成果申报会议）问题是，小奎所说的"陈老师可能在家"是真的吗？一方面，小奎及在场的人都认为它是真的（他们并不知道陈老师究竟在哪儿）；另一方面，陈老师却不会认为它是真的（他确定自己在南三楼开会）。②

在语境论者德罗斯（K. DeRose）等看来，"陈老师可能在家"在科哲组硕士论文答辩会的语境下为真（因为现场的人都无法排除"陈老师在家"这一可能性）；而在教学成果申报会的语境下则为假（因为现场的人可以排除"陈老师在家"这一可能性）。变况相对论者通过构建"第三人"的反例拒斥了语境论的上述观点。假设在万老师和

---

① 典型的认识模态词包括"可能""也许""大概""恐怕"。参见 A. Egan, "Epistemic Modals, Relativism and Assertion", *Philosophical Studies*, Vol. 133, No. 1, 2007, p. 5; P. Lasersohn, "Context Dependence, Disagreement, and Predicates of Personal Tastes", *Linguistics and Philosophy*, Vol. 28, No. 6, 2005, p. 663。

② 本例的原型来自于 A. Egan, J. Hawthorne and B. Weatherson, "Epistemic Modals for Context", in G. Preyer & G. Peter eds., *Contextualism in Philosophy: Knowledge, Meaning and Truth*, Oxford: Oxford University Press, 2005, pp. 132 - 134。

小奎对话时，小奇正在答辩会议室对面的开水房打水。碰巧的是，她之前遇见了赶往南三楼的陈老师。这样一来，在答辩会的语境下，即便有人可以排除"陈老师在家"的可能性，似乎也不会使小奎改变看法，承认其所言"陈老师可能在家"为假（小奎并不需要将小奇所掌握的情况考虑进来）；与此同时，在同一语境下，小奇也不会认为小奎所言"陈老师可能在家"为真。

伊根等指出，之所以会导致上述情况，是因为认识模态句的真值由中心化的世界（即 $\langle w, t, i \rangle$）所确定。[①]具体而言，相对于个体小奎（或万老师）的认识变况来说，没有证据可以将"陈老师在家"这一可能性排除，所以"陈老师可能在家"为真；相对于个体小奇（或陈老师）的认识变况来说，有证据可以将"陈老师在家"这一可能性排除，所以"陈老师可能在家"为假。

四 反驳与回应

我们知道，自斯托内克尔（R. Stalnaker）以来，命题就被看作从可能世界到真值的函数。不过，既然变况相对论者认为命题的真值并非被可能世界变况所唯一确定，这

[①] A. Egan, J. Hawthorne and B. Weatherson, "Epistemic Modals for Context", in G. Preyer & G. Peter eds., *Contextualism in Philosophy*: *Knowledge*, *Meaning and Truth*, Oxford: Oxford University Press, 2005, p. 157.

就要求他们重新界定命题的意义。

伊根等提出两种路径：将命题定义为从中心化世界到真值的函数；或者将命题定义为从中心化世界到世界集（从世界到真值的函数）的函数。不过与此同时他们还意识到，如果命题是从中心化世界到真值的函数，那么"香草味的冰淇淋好吃"所表达的便是一种性质，而这在处理认识模态与口味标准叠加的句子（"香草味的冰淇淋可能好吃"）时将遭遇尴尬；如果命题是从中心化世界到世界集的函数，那么这一函数值究竟能否被称为内容尚不可知，而且该函数同样不适用于认识模态句。[1]因此，变况相对论者只能从功能的角度给命题下定义，认为它是命题态度的对象或陈述句的语义值。[2]

在变况相对论者看来，包含客观概念的命题仅与事实有关，包含非客观概念的命题却与个体视角有关。因此，客观命题受真之规范约束，自主命题则受视角规范约束——说者仅说对他视角而言为真的东西。必须承认，双重规范确实为诠释无错分歧现象提供了值得借鉴的思路。

---

[1] A. Egan, J. Hawthorne and B. Weatherson, "Epistemic Modals for Context", in G. Preyer & G. Peter eds. , *Contextualism in Philosophy*：*Knowledge*，*Meaning and Truth*，Oxford：Oxford University Press，2005，pp. 163 - 166.

[2] A. Egan, J. Hawthorne and B. Weatherson, "Epistemic Modals for Context", in G. Preyer & G. Peter eds. , *Contextualism in Philosophy*：*Knowledge*，*Meaning and Truth*，Oxford：Oxford University Press，2005，p. 6.

不过，反驳者通过以下两个反例表明，所谓的视角规范仍面临着一系列难题。

假设女生节当天，华中科技大学哲学本科1601班的男生合伙为女生买了半熟芝士蛋糕作为礼物，生活委员小童对大家说：

(48) 班上的每个女生都将得到一份好吃的蛋糕，

我是班上的女生，

所以，我将得到一份好吃的蛋糕。

很显然，若(48)的前提都为真，其结论也为真，它是一个有效的论证。现在假设哲学1501班的小维从门口经过时听到了小童的话，但由于视角差异，他不认为小童会得到一份好吃的蛋糕。根据变况相对论者的观点，(48)的结论对小维而言为假。同时，只要小童确实是女生，而且半熟芝士蛋糕对于每个女生来说都是好吃的，小维便会接受(48)的两个前提。这就意味着(48)对于小维而言并不有效。换言之，如果变况相对论是正确的，那么演绎有效性将变成一个相对概念，这一结果很难为逻辑学家所接受。[①]

再假设胡八一和杨雪莉二人在古墓中走失，虽然杨雪莉知道出口在哪里，但她不想告诉胡八一。于是，她指着

[①] 该反例的原型参见 H. Cappelen & J. Hawthorne, *Relativism and Monadic Truth*, Oxford: Oxford University Press, 2009, p. 133。

相反的一边说:"出口可能在东边。"在这个例子里,杨雪莉所言显然违背了视角规范。可见,这一规范并不适用于所有的自主命题。①

变况相对论者分别就上述两个反例做出回应。其中,莱瑟森(P. Lasersohn)认为,一旦我们承认无错分歧现象确实存在,那么就应当认可某个结论对不同个体而言可能具有不同的真值;况且,相对有效的演绎论证毕竟十分有限,情况远没有预想中那样糟糕。②而伊根等则指出,在第二个例子中,与其说"出口可能在东边"是断言行为,不如说它是一种投射行为(projection)。杨雪莉将自己投射在

---

① 按照路易斯的看法,说者和听者通过各自的话语贡献而彼此顺应(accommodation),进而生成实时的会话记录(conversational record),最终达成交流目标。问题是,倘若添加到会话记录中的命题内容仅相对于说者为真,又由于听者与说者处在不同的赋值变况之下,因此并不会因说者的断言而相信这一内容,那么他们是如何在交流中达成共识的?针对这一质疑,伊根指出,虽然自主命题可能会带来交流上的灾难,但也存在例外情况。关键在于我们要对自主概念的使用条件做出限定。以"附近"为例,只要说者和听者在地理位置是接近的,做出包含"附近"的断言就将有益于达成交流目标;反之,如果说者和听者的距离很远,那么做出包含"附近"的断言则会阻碍交流。现在考虑这样一个反例,假设在上海出差的小瑛给沈阳老家的父母打电话,正值午饭时间,小瑛问父亲:"吃饭了吗?"父亲说:"还没有,一会儿去附近的饺子馆。"虽然小瑛的父亲(说者)与小瑛(听者)的距离并不近,但是"附近"却未导致任何交流障碍。小瑛完全可以通过"附近"二字准确定位父母将要用餐的地点,甚至还可以通过远程支付帮他们结账。参见 D. Lewis, "Scorekeeping in a Language Game", *Journal of Philosophical Logic*, Vol. 8, No. 1, 1979, p. 347; A. Egan, "Epistemic Modals, Relativism and Assertion", *Philosophical Studies*, Vol. 133, No. 1, 2007, pp. 16 – 17。

② P. Lasersohn, "Quantification and Perspective in Relativist Semantics", *Philosophical Perspectives*, Vol. 22, No. 1, 2008, p. 328.

了胡八一的语境和视角之下,所表达的并不是她自己持有的信念,因此以上反驳并不成立。然而,即便杨雪莉所说的"出口可能在东边"是投射行为,也不能据此推断她没有做出断言。而断定就意味着相信,试问杨雪莉又怎会相信对她而言为假的东西?鉴于此,伊根等不得不承认诉诸投射行为而做出的辩护仅仅是一种权宜之计而已。[①]

可以看出,无论是对命题本质的追问,还是对视角规范的质疑,都或多或少地动摇了变况相对论的立论基础。退一步讲,即便我们接受上述回应,转而将注意力投向变况相对论的基本主张"自主命题的真值相对于中心化的世界"之上时,便会发现其中隐含着更为严峻的问题。

比如,有些反驳者指出,变况相对论者仅强调了非客观概念的中心(autocentric)用法,却忽视了其离心(exocentric)用法。[②]虽然在多数情况下,自主命题的成真条件是相对于说者的,但它也可能相对于(不包括说者在内的)其他主体。比方说,小楠打算带女儿禾禾去上海迪士尼游玩,禾禾得知后兴奋地说:"肯定很有趣。"而小楠却掂量着自己既要照顾女儿,又要排队买票,还要拎一堆东

[①] A. Egan, J. Hawthorne and B. Weatherson,"Epistemic Modals for Context", in G. Preyer & G. Peter eds., *Contextualism in Philosophy*: *Knowledge*, *Meaning and Truth*, Oxford: Oxford University Press, 2005, p.162.

[②] H. Cappelen & J. Hawthorne, *Relativism and Monadic Truth*, Oxford: Oxford University Press, 2009, p.104.

西，小声嘀咕道："一点也不有趣。"话一出口，小楠担心女儿会不开心，随即改口道："是的，肯定很有趣。"在这个例子里，小楠一开始嘀咕的"不有趣"是中心用法，而随后的"很有趣"则是离心用法，二者并不矛盾。不过，按照变况相对论者的观点，既然自主命题仅相对于某一个体而具有真值，那么当小楠说"是的，肯定很有趣"时，或者她改变了看法，或者她自相矛盾。

而且，变况相对论者既未对断定这种以言行事行为与相信这种心理状态加以区分；也未对以言行事行为、心理状态与命题内容进行区分。与之相关的问题是，无错分歧究竟发生在断言层面、信念层面，还是命题内容层面？类似的问题是，当变况相对论者声称张三所言"香草味的冰淇淋好吃"的真值随赋值变况而变的时候，这里的真值载体究竟是"张三相信香草味的冰淇淋好吃"，"张三断定香草味的冰淇淋好吃"，还是"香草味的冰淇淋好吃"这一命题内容本身？

一般而言，只有以言行事行为的内容（而非以言行事行为或心理状态）才被看成是真的（或假的）。[①]因此，当变况相对论者谈论"香草味的冰淇淋好吃"的语义值时，

[①] J. MacFarlane, *Assessment Sensitivity: Relative Truth and its Application*, New York: Oxford University Press, 2014, p. 47.

他们意指的似乎是以言行事行为（或心理状态）的内容。既然如此，该内容便已脱离了赋值变况中的不同视角（或个体），这背离了变况相对论者的初衷。①另外，当变况相对论者探讨断言（或信念）的恰当性（appropriateness）或准确性（accuracy）时，他们似乎又是就以言行事行为（或心理状态）本身来说的。②倘若如此，毫无疑问变况相对论者所探讨的是 B 类未述成分的语用值。他们并不能如一开始设想的那般去探讨其相对于个体、视角、品味标准等而具有的语义值。

第二节 评判相对论

麦克法兰（J. MacFarlane）并不赞同变况相对论者将真值相对于视角（或个体）参量的做法。在他看来，评判敏

---

① 斯坦利也指出，若张三断言香草味的冰淇淋好吃，李四断言香草味的冰淇淋不好吃，这里的分歧并不是内容层面的。参见 J. Stanley, "On a Case for Truth – Relativism", *Philosophy and Phenomenological Research*, Vol. 92, No. 1, 2016, p. 184。

② 断言之以言行事行为与信念之心理状态的恰当标准并不一致，而变况相对论者却未能揭示这一根本差异。有关恰当性或准确性的讨论，参见 A. Egan, "Epistemic Modals, Relativism and Assertion", *Philosophical Studies*, Vol. 133, No. 1, 2007, pp. 3 – 4; A. Egan, J. Hawthorne and B. Weatherson, "Epistemic Modals for Context", in G. Preyer & G. Peter eds., *Contextualism in Philosophy: Knowledge, Meaning and Truth*, Oxford: Oxford University Press, 2005, p. 153; 有关断言与信念的差别，参见 J. MacFarlane, *Assessment Sensitivity: Relative Truth and its Application*, New York: Oxford University Press, 2014, p. 115。

感性（assessment sensitivity）才是真值相对论的合理标签。概言之，对于那些包含品味标准、审美标准、知识归属、认识模态、未来可能性的句子而言，虽然它们在使用语境中被说出，但其外延却是在使用语境之外的评判语境中被确定的，[①]无错分歧的根源正在于此。

一 敏感性与索引性

通常来讲，若一个表达式是语境敏感的，就意味着它是一个索引词；反之，若该表达式具有索引性，则意味着它同时被贴上了敏感词的标签。[②]然而麦克法兰却认为，敏感性（sensitivity）与索引性（indexicality）并不能等同视之。

从使用语境的角度看，敏感性指的是外延（或真值）对它的依赖；索引性则指的是内涵（或内容）对它的依赖。用卡普兰的话来讲，如果使用语境能够帮助我们确定句子所表达的命题是什么，我们则称其扮演了内容决定的

[①] 从种类上看，评判语境与使用语境并无二致，它们都可以被看作中心化的可能世界。只不过，评判语境中的主体是句子的评判者；使用语境中的主体是句子的使用者（当使用者与评判者一致时，评判语境就是使用语境）。参见 J. MacFarlane, *Assessment Sensitivity: Relative Truth and its Application*, New York: Oxford University Press, 2014, pp. 60 – 61。

[②] 就如最小论者所言：当我们说一个表达式是语境敏感的时候，即是指这个表达式对包含它的句子所表达命题的贡献会随着语境的变化而变化。参见 H. Cappelen & E. Lepore, *Insensitive Semantics: A Defense of Speech Act Pluralism and Semantic Minimalism*, Oxford: Blackwell Publishing, 2005, p. 146。

角色；如果使用语境能够帮助我们确定该命题在何种条件下被赋予真值，我们则称其扮演了变况决定的角色。①因此，当且仅当表达式的外延依赖于使用语境中的 F 特征时，我们说它是 F 使用语境敏感的；当且仅当表达式的内涵依赖于使用语境中的 F 特征时，我们则说它是 F 使用语境索引的。②

麦克法兰指出，在那些认为知识归属句中包含隐藏索引词的学者看来，（49）和（50）并无实质性区别，它们都是语境敏感的。

（49）当摩尔完成他最著名的论文时，他知道他有一双手。

（50）今天过后是明天。

然而，从评判相对论的角度来看，虽然（49）是知识标准—使用语境敏感的，③但它却不具索引性。因为虽然（49）的真值会随知识标准的高低而有所不同，但其所表达的内容（"当摩尔完成他最著名的论文时，摩尔知道自己有一双手"）却不因使用语境的变化而改变；另外，虽

---

① J. MacFarlane, "Making Sense of Relative Truth", *Proceedings of the Aristotelian Society*, Vol. 105, No. 3, 2005, pp. 310 – 311.

② J. MacFarlane, "Nonindexical Contextualism", *Synthese*, Vol. 166, No. 2, 2009, p. 232.

③ 若使用语境中的说者是持高标准的怀疑论者，（49）的外延为假；若使用语境中的说者是持低标准的常识论者，（49）的外延为真。

然（50）是时间—使用语境索引的，但却不具敏感性，因为虽然（50）所表达的内容会随话语发生的时间而有所不同,[①]但其真值（"真"）却不会因使用语境的变化而改变。

类似地，在评判语境的维度下，敏感性与索引性同样具有区别。[②]比如，真值相对论者（特别地，评判相对论者）认为"栀子花很漂亮"是审美标准—评判语境敏感的；内容相对论者（特别地，释义相对论者）则认为"栀子花很漂亮"是审美标准—释义语境索引的。

既然索引性与内容相关，敏感性与真值相关，这就意味着在真值相对论的框架下，我们只需考虑句子在使用语境与评判语境中的敏感性（而非索引性）。换言之，确定包含品味标准、审美标准、知识归属、认识模态、未来可能性等评判语境敏感词（以下简称评判敏感词）的句子的语义值就意味着明确如下关系：s 在使用语境 c_1 和评判语

[①] （50）表达的命题内容可能是"星期四过后是星期五"，也可能是"星期日过后是星期一"。

[②] 我们正是以此为依据来划分内容相对论与真值相对论的：前者认为释义语境扮演了内容决定的角色，在不同的释义语境中，句子表达不同的命题内容，因而是释义语境索引的；后者则认为评判语境扮演了变况决定的角色，在不同的评判语境中，句子被赋予不同的真值，因而是评判语境敏感的。参见 J. MacFarlane, "Relativism", in G. Russell & D. G. Fara eds., *The Routledge Companion to Philosophy of Language*, New York: Routledge, 2012, p. 137。

境 c_2 下为真。①

二 变况抑或评判语境

麦克法兰之所以反对以真值是否相对于某些特定参量为标准来界定相对论，是因为在这一标准下，卡普兰和佩里也将被划为相对论阵营，②这里显然存在问题。事实上，路易斯引入变址概念的目的是为了刻画语境特征的变换与后果——变址可以告诉我们在相应的语境特征被改变以后，句子的语义值将如何变化。但是，麦克法兰强调，围绕品味标准、审美标准等变址所进行的讨论并不应当被看作哲学意义上的相对论分析。③

如前所述，在克尔贝尔或伊根等变况相对论者看来，"栀子花很漂亮"的语义值由以下语境—变况关系确定：s 在语境 c 中是真的，当且仅当 s 在 $(c, \langle w_c, s_c \rangle)$ 下为真，

---

① 评判相对论者并不认为所有句子的外延都由评判语境决定，只有那些包含评判敏感词的句子外延是依赖于评判语境的。比如，"小瑛此刻正坐在电脑前写作"虽然是时间—使用语境敏感的，却不是时间—评判语境敏感的，因为"此刻"并非评判敏感词，它仅要求我们在使用语境中对"小瑛此刻正坐在电脑前写作"加以赋值。

② 我们也可以说，卡普兰认为对于涉及时间的句子而言，其所表达的命题相对于可能世界及时间变况具有真值；佩里认为对于涉及地点的句子而言，其所表达的命题相对于可能世界及地点变况具有真值。参见 J. MacFarlane, *Assessment Sensitivity: Relative Truth and its Application*, New York: Oxford University Press, 2014, p.50。

③ J. MacFarlane, *Assessment Sensitivity: Relative Truth and its Application*, New York: Oxford University Press, 2014, p.60.

其中 w_c 是 c 的世界，s_c 是 c 的中心审美标准。然而，麦克法兰指出，这一成真条件抹杀了"栀子花很漂亮"相对于评判语境而敏感的可能性。

鉴于此，麦克法兰将"真"谓词看作一个由句子、使用语境、可能世界及评判语境构成的四元序组。即是说，"栀子花很漂亮"的语义值由如下关系确定：s 在使用语境 c_1 和评判语境 c_2 中是真的，当且仅当 s 在由 c_1 和 c_2 确定的赋值变况 $(c_1, \langle w_{c1}, s_{c2} \rangle)$ 下为真，其中 w_{c1} 是 c_1 的世界，s_{c2} 是 c_2 的中心审美标准。[①]

三 知识归属

在评判相对论者看来，品味标准、审美标准、未来可能、认识模态、知识归属等都是评判敏感的。也就是说，包含它们的句子的语义值依赖于评判语境。

以知识归属句为例，假设小瑛和小华打算去楼下吃早餐，小华早已准备就绪，小瑛却四处翻找，迟迟没有出门。于是，二人展开如下对话：

（51）小华：你是不是在找钱包，不用找了，我口袋里有钱。

[①] J. MacFarlane, *Assessment Sensitivity: Relative Truth and its Application*, New York: Oxford University Press, 2014, p. 67.

小瑛：有多少？

小华：五十五元。

小瑛：你怎么知道？

小华：昨晚我买了一盒黄鹤楼，剩下的钱就放在口袋里，所以我知道还有五十五元。

小瑛：你的口袋有点浅，会不会掉出去了？

小华：不会，刚刚我摸了下，还在。

小瑛：万一卖烟的把假币找给你了呢？你还知道你口袋里有五十五元钱吗？

小华：那样的话，我只好说，我不知道了。

在这个例子中，小华一开始声称知道自己口袋里有五十五元钱，随后又承认自己不知道口袋里是否有五十五元钱。为何会出现这种情形？知识归属的语境论者德罗斯认为，知识归属句中包含未述成分（即知识的归属标准），而我们需要在使用语境中将其补全。根据使用语境中的低标准，小华知道自己口袋里有五十五元钱；但当小瑛提及口袋浅和假币的相关选项后，知识标准随之升高，因此小华不再知道自己口袋里是否有五十五元钱了。总之，在语境论者看来，知识归属句是使用语境敏感的。

麦克法兰反对这种做法，因为同一使用语境的知识标准不会上下浮动,这一标准应是恒定不变的。①当然,语境论者或许会说,上例中可能包含着两种不同的使用语境:在第一个使用语境下,相关选项少,知识的标准低,因此小华知道口袋里有五十五元钱;在第二个使用语境下,相关选项增多,知识的标准变高,因此小华不知道口袋里有五十五元钱。不过,这种观点在麦克法兰看来依然站不住脚,因为它无法解释小华为何要在第二个使用语境中撤回(retract)前言。

在麦克法兰看来,知识归属的相对语义论能够更好地解释上例中"知道"与"不知道"所展现出的分歧。②一方面,知识归属句表达的是完整的命题,上述分歧的来源在于其所分别表达的截然相反的命题内容。另一方面,知识归属句并非相对于使用语境或变况而敏感,它是评判语境敏感的,其语义值由评判语境中的相关选项集合决定。具体而言,"小华知道他口袋里有五十五元钱"在使用语境 c_1 和评判语境 c_2 中是真的,当且仅当"小华知道他口袋里有五十五元钱"在由使用语境 c_1 和评判语境 c_2 确定的赋值

---

① J. MacFarlane,"The Assessment Sensitivity of Knowledge Attributions", in T. S. Gendler & J. Hawthorne eds., *Oxford Studies in Epistemology*, New York: Oxford University Press, 2005, p. 202.

② 有关麦克法兰对知识归属的其他理论(如语境论、标准不变论、敏感不变论、赋值相对论、表达论)的批评,参见 J. MacFarlane, *Assessment Sensitivity: Relative Truth and its Application*, New York: Oxford University Press, 2014, pp. 178 – 186, 190 – 194。

变况（c_1，$\langle w_{c1}, t_{c1}, s_{c2} \rangle$）下为真，其中 w_{c1} 和 t_{c1} 分别是 c_1 的世界和时间，s_{c2} 是与 c_2 相关的选项集合。[1]换言之，评判语境中出现的相关选项及随之变化的知识标准可能会影响已有的判断，这也是在小瑛提到假币的相关选项之后，小华会撤回前言的原因。

四 反驳与回应

与知识归属句类似，麦克法兰还分别给出了其他评判敏感句的成真条件。不过，反驳者们却指出，在使用语境 c_1 与评判语境 c_2 相异的情况下，这些成真条件中"在 c_1 和 c_2 下为真"的意义尚不明确。

鉴于此，麦克法兰主张通过规范性条件来澄清成真条件的内涵。该规范性条件指的是，在使用语境 c_1 中断定 p（p 是评判语境敏感的）即意味着断言者同时做出两个承诺：一旦有人在评判语境 c_2 中提出对 p 的质疑，则断言者就要为 p 成真（相对于使用语境 c_1 和评判语境 c_2）提供充分的理由；[2]如果 p 在使用语境 c_1 和评判语境 c_2 下为假，那

---

[1] 在特殊情况下，若评判语境与使用语境相一致，评判相对论与语境论对句子语义值的判断也将趋于一致。参见 J. MacFarlane, *Assessment Sensitivity: Relative Truth and its Application*, New York: Oxford University Press, 2014, pp. 189; J. MacFarlane, *Assessment Sensitivity: Relative Truth and its Application*, New York: Oxford University Press, 2014, p. 219。

[2] J. MacFarlane, "Making Sense of Relative Truth", *Proceedings of the Aristotelian Society*, Vol. 105, No. 3, 2005, p. 321.

么 c_1 中的断言者需在 c_2 中撤回先前的断言。①

以（51）中的"我知道我口袋里有五十五元钱"为例。当遭到质疑时，小华有两种选择：要么遵守断言承诺，坚持"我知道我口袋里有五十五元钱"在使用语境 c_1 和评判语境 c_2 下为真，并为其提供充分的理由；要么遵守撤回承诺，承认"我知道我口袋里有五十五元钱"在使用语境 c_1 和评判语境 c_2 下为假，并将其撤回。在这个例子中，随着相关选项的增多以及知识归属标准的提高，导致小华的断言在使用语境 c_1 和评判语境 c_2 下不再为真，因而他断言"我不知道我口袋里有五十五元钱"，并将原断言"我知道我口袋里有五十五元钱"撤回。

问题是，如果知识的归属标准在评判语境 c_3 中再次降低，这时"我不知道口袋里有五十五元钱"在使用语境 c_2 和评判语境 c_3 下为假，小华还会撤回他在 c_2 中的断言"我不知道口袋里有五十五元钱"吗？按照评判相对论者的观点，小华应将其撤回。但蒙特米尼（M. Montminy）却持相反意见。他认为，在知识标准由低（使用语境 c_1）向高（评判语境 c_2）转换时，c_1 中的断言者确实会遵守断言与撤回承诺。但这并不意味着在知识标准由高（使用语境

---

① J. MacFarlane, *Assessment Sensitivity: Relative Truth and its Application*, New York: Oxford University Press, 2014, p.108.

c_2）向低（评判语境c_3）转换时，c_2中的断言者依然会遵守上述承诺。事实上，在高标准的知识归属语境下，日常的语言使用者不仅不会遵守，反而会拒斥撤回承诺——因为在未来的某个低标准语境中撤回他当前对于知识的否认（即"我不知道口袋里有五十五元钱"）并不恰当。①

莱夫曼（D. Raffman）进一步质疑断言与撤回承诺，认为它不过是一个假二难谬误（false dichotomy）而已。因为就麦克法兰所构造的某些例子来说，无论提供进一步的理由还是干脆进行撤回，都显得十分不自然。②斯坦利则指出，撤回则意味着违背达米特的真之规范。因为一旦撤回"我知道我口袋里有五十五元钱"，就意味着承认先前所言为假，③根据"只有p在语境c中为真，才在c中断定p"，可得"我知道口袋里有五十五元钱"根本就不是断言。总之，反驳者认为麦克法兰并没有找到通用于评判敏感词的规范性条件。

如果说上述反驳意见因允许麦克法兰在评判相对论内部进行调整而被看作温和的，那么接下来的批评则显得激

---

① M. Montminy, "Contextualism, Relativism, and Ordinary Speakers' Judgments", *Philosophical Studies*, Vol. 143, No. 3, 2009, p. 354.

② D. Raffman, "Relativism, Retraction, and Evidence", *Philosophy and Phenomenological Research*, Vol. 92, No. 1, 2016, p. 174.

③ J. Stanley, "On a Case for Truth-Relativism", *Philosophy and Phenomenological Research*, Vol. 92, No. 1, 2016, p. 182.

烈得多。一旦这种激烈的批评成立，评判相对论将不可避免地滑向变况相对论。这样一来，所有针对变况相对论的批评也将适用于评判相对论。

考虑下述对话：

（52）小阳：我们都知道阿姆斯特朗是第一个登上月球的人。

小虹：没错。

蒙特米尼指出，由于上述对话是在日常语境下展开的，小虹将小阳的知识归属判断"我们都知道阿姆斯特朗是第一个登上月球的人"评判为真。但假定曾在美国留学的小晗看到过国外媒体关于伪造登月事件的报道，她可能会认为小阳说的不对，小虹的评判也不正确。然而，按照评判相对论的观点，既然小虹对小阳的知识归属判断是在低标准的评判语境中完成的，那么小阳的评判"没错"就没有出错。[①]

该反例的特点在于，当前的评判者（小晗）不同于先前的评判者（小虹），因此无法执行撤回操作。针对这一反驳，麦克法兰指出，只要小阳所言在小虹的评判语境下为真，那么小虹在该语境下作出的判断"'我们都知道阿姆

[①] 有关该反例的详细讨论，参见 M. Montminy, "Contextualism, Relativism, and Ordinary Speakers' Judgments", *Philosophical Studies*, Vol. 143, No. 3, 2009, pp. 346–348。

斯特朗是第一个登上月球的人'是真的"就没错。①至于在随后的高标准评判语境中小虹的判断被认为有误,其实是指在新标准下,小晗认为"小虹的判断'我们都知道阿姆斯特朗是第一个登上月球的人'是真的"为假。也就是说,基于小阳与小虹的对话及新的知识归属标准,小晗做出了更高阶的评判(higher-order assessment)。可见,为了回应蒙特米尼的质疑,麦克法兰只得借助评判语境的层级来化解不同主体在不同的标准和评判语境下对知识归属句的分歧。

但是这种处理方法就意味着麦克法兰必须接受变况相对论者的做法,将"我们都知道阿姆斯特朗是第一个登上月球的人"的真值相对于不同的视角或个体(小虹或小晗)。诚如莱瑟森所言,变况相对论与评判相对论本就是相互依赖的两种理论。②但这似乎违背了麦克法兰的初衷。要知道,评判相对论的出发点便是在评判语境这一标准下,直接做出对知识归属句敏感性的判断——根据当前的标准去评判现在及过去的所有知识归属句,而非在不同的赋值变况下评判不同个体的知识归属句是否得当。

---

① J. MacFarlane, *Assessment Sensitivity: Relative Truth and its Application*, New York: Oxford University Press, 2014, p.197.
② P. Lasersohn, "Non-World Indices and Assessment-Sensitivity", *Inquiry*, Vol.56, No.2/3, 2013, p.143.

第五章　未述成分意义的再分析

纵观西方语言哲学的发展历程，研究者分别从专名、摹状词、连词、传统索引词、未述成分等不同角度探讨了表达式的意义问题。本书沿着从隐藏索引词到评判敏感词的路径，对未述成分的意义问题进行了梳理与分析：我们首先概述了意义问题的研究传统、索引词之谜及未述成分为语言哲学研究所带来的挑战；接着就未述成分的语义论（变元论、最小论）、语用论（关联论、基本字面意义论、含义论）及相对论（变况相对论、评判相对论）进行了系统的批判和反思。

在未述成分的语义论阵营中，我们分别介绍了以斯坦利为代表的变元论和以勒珀为代表的最小论。其中，变元论者主张将气象动词、量词、比较形容词等表达式中的地点、限制域和判断标准看作在句子实在结构中已述的隐藏索引词。因此,所有在语境中影响成真条件的因素都可追溯至逻辑形式。与变元论者类似,最小论也认为与成真条件相关的因素都是语义学层面的。不过,这并不是因为"天在下雨"中包含隐藏索引词,而是因为其表达了一个地点中立的命题,其成真条件并不依赖于下雨的具体方位。可以说,由句子的语义内容获得成真条件是一回事,判断该条件在何种语境下被满足则是另一回事。

　　语用论者与语义论者针锋相对,他们认为,语义加工进程与语用加工进程彼此融合,影响成真条件的因素并不仅仅是语义层面的。其中,关联论者斯珀博等指出,未述成分是在关联原则指导下经自由充实和概念调节等语用加工过程而获得的明意。基本字面意义论者雷卡纳蒂既不认为气象动词的语义结构中有标识地点的隐藏索引词,也不赞同关联论者那种将意义问题全部归结于认知领域的做法。虽然就未述成分而言,并没有相应的语词提醒听者开启语用加工模式,但未述成分依然是基本字面意义的重要组成部分,它们通过可选的语用加工过程而进入话语的直观成真条件。含义论者巴赫则指出,未述成分既超出了所言之义的范畴,也不应被看作所隐之意,这就说明格赖斯关于所言之义与所隐之意的划分并不完备。我们应做出所言之义、所含之义和所隐之意的三重划分。在这种划分下,未述成分是经概念填补或语用充实而获得的所含之义。

然而，相对论者指出，语义论与语用论的缺点在于它们仅强调了使用语境对未述成分敏感性的影响。事实上，未述成分还可能相对于其他参量而具有敏感性。比如，变况相对论者克尔贝尔就指出，对于包含品味标准、认识模态、未来可能性等表达式的句子而言，其所表达命题的真值会随赋值变况中的视角参量而变。因此，有些未述成分不仅应被看作（使用）语境敏感词，它们还是（赋值）变况敏感词。而评判相对论者麦克法兰则认为，虽然上述包含敏感词的句子是在使用语境中被说出的，但其外延却是在评判语境中被确定的。因此，这些未述成分不是变况敏感词，而是评判敏感词。

如前所述，围绕未述成分的讨论从气象动词发展到量词、比较形容词、知识归属词、认识模态词等，而对未述成分的定位也从起初的隐藏索引词发展到后来的评判敏感词。问题域的扩展及未述成分论者的追问不仅深化了我们对语言与意义的思考，而且显示出当代语言哲学研究所呈现出的一种从关注指称与真之语义分析到关注语境与用法之语用分析的转向。

原因在于，对于那些包含未述成分的句子而言，我们无法以直接获得其成真条件的方式而达成对意义的一般理解。要实现这一目标，必须诉诸语境中发生的话语或言语行为。鉴于此，我们应当遵从奥斯汀与塞尔的研究路径，从命题层面（未述成分意义分析的第一个维度）和语力层面（未述成分意义分析的第二个维度）分别展开对未述成分的讨论——一方面，命题内容的语义值是真值；另一方面，以言行事行为的语用值是恰当性。

因此，结合前面章节的讨论结果，我们将未述成分的意义分析概括为以下四组基本问题：首先，未述成分与索引词有何联系与区别？其又对传统所言之义与所隐之意的二分法提出了哪些挑战？其次，究竟哪些表达式中包含未述成分？未述成分在何种意义上是未被表征的？再次，包含未述成分的句子表达了怎样的命题内容？该命题内容的真值如何？其成真条件又会受到哪些因素的影响？最后，包含未述成分的话语被用来执行了何种言语行为？这一言语行为的恰当性如何？哪些参量会对其恰当性造成影响？

第一节　再论未述成分

我们赞同佩里的观点，由于下雨的地点并没有出现在（10）的实在结构之中，而若不将其补全又无法衡量（10）的真值。因而，（10）中确实包含未述成分，并且是语境敏感的。类似地，未述成分也存在于包含量词、比较形容词、知识归属词等表达式的句子当中。

以此看来，格赖斯就所言之义与所隐之意所做出的二分法确实存在问题。不过，我们并不赞同关联论者用明意与隐意取而代之的做法。事实上，我们既可以像基本字面意义论者那样区分两个层面的所言之义，也可以如含义论者那样将所含之义添加到所言之义和所隐之意中间。

按照第一种观点，未述成分在类型字面意义层面是未被表征的，将其补全是自由的、可选的、自上而下的语用调适过程——它们经巩固（或拓宽）获得了更确切的基本字面意义。按照第二种观点，未述成分在所言之义层面是未被表征的，我们通过概念填补（即完形）或语用充实（即扩展）获得完整的所含之义。①

---

① 出于整体布局的考虑，本部分并未涉及对以言取效行为的深入分析。不过，正如布莱克本（S. Blackburn）指出的那样，事实上，我们应将句子所对应的命题、说者表达的意义与听者的理解区分开来。不可否认，只有将下雨的地点补全，才能确定（10）所表达的命题内容。但是，即便不知自己身在何处，说者依然可以通过话语"天在下雨"使对方理解其中的意义。正是基于这种考虑，我们反对关联论仅从认知加工角度展开的听者理解机制之研究模式。参见 S. Blackburn, "Thought without Representation", *Supplementary Proceedings of the Aristotelian Society*, Vol. 60, 1986, p. 155。

第二节　二维语义学视域下的
未述成分意义分析

佩里曾指出，下雨的地点同时间一样，它们均构成（10）所表达命题的重要成分。可见，他所关注的是未述成分意义的第一个维度。从这一维度来看，包含未述成分的句子所表达的命题内容是依赖于使用语境的。

使用语境是句子实际发生的语境，它向我们提供一切与未述成分指称内容相关的信息。如果佩里与他的儿子于1986年8月9日在帕洛阿尔托的家中进行了如（10）所示的对话，这就构成了一个使用语境 c_1，其中的相关参量是〈句子、时间、地点〉。一旦这些参量被确定，（10）便在该语境的可能世界（或赋值变况）中获得了确切的真值。[1]

虽然在此过程中，说者意图的作用不可小觑，但其功能仅在于确定方位，并没有任何语义价值，[2]也不作为命题成分进入（10）的成真条件。进入成真条件的只有由说者意图所确定的时间和地点。可以说，卡普兰的直接指称论

---

[1] 鉴于此，最小论者提出"句子的语义内容是一个不受语境约束且具有确定真值的完整命题"的观点是错误的。

[2] 即便如此，由于说者意图可以帮助我们锁定下雨的方位，而下雨的方位又构成命题内容的重要部分，因此变元论者提出"确定命题何为的过程与意图等心理状态无关"的观点是错误的。

同样适用于未述成分的相关分析。据此，（10）中下雨的地点始终固定地为其在 c_1 中所指称的帕洛阿尔托。

因而，对于出现在使用语境 c 中包含未述成分的句子 s 而言，如果其所表达的命题 p 在 c 的世界中为真，则 s 是真的。从这一点上来看，变元论、最小论、含义论及基本字面意义论均视真值的载体为命题，因而是正确的；而关联论则视真值的载体为心理表征，因而是错误的。

当然，遵照卡普兰和路易斯的研究路径，我们知道句子 s 也可能在其他变况（或变址）下被赋予真值。在这种情况下，对于使用语境 c 与赋值变况 i 而言，如果 s 所表达的命题 p 在 c 与 i 下为真，那么 s 是真的。从这一点上来看，变元论、最小论、关联论、含义论、基本字面意义论、评判相对论均是错误的，因为它们要么忽视了变况对语义值可能产生的影响，要么将赋值变况与评判语境混为一谈。

下面我们将在未述成分的二维语义学框架下，对包含量词、比较形容词、知识归属词的句子的语义值做出分析。

一　量词

回顾例（19），其所表达的命题是"每个［限制域下的］瓶子都是空的"，该限制域由使用语境中的说者意图决定。不过说者意图并不进入（19）的成真条件。假设说者小磊意欲指称的限制域为其在武汉喻园的家中，一旦该限制域被确定，（19）便在使用语境的可能世界中获得了确切的真值。即对于出现在使用语境 c 中包含量词的句子"每个瓶子都是空的"而言，如果其所表达的命题"每个［小磊家中的］瓶子都是空的"在 c 的世界中为真，则"每个瓶子都是空的"是真的。

如果我们变换原使用语境中的某个特征而得到新的变况 i，则需在 c 与 i 下重新考察（19）的真值。不过，量词"每个"在不同变况下的指称始终固定地为（19）在 c 中的限制域（即"小磊的家中"）。事实上，我们先是在使用语境 c 中获得量词的限制域，进而确定了（19）的真值，然后才考虑其在不同变况下的语义值。

二　比较形容词

回顾例（28），其所表达的命题是"西尔斯大厦［依照判断标准来说］是很高的"，该标准由使用语境 c 中小轩的意图决定。一旦该标准得以确定，（28）便在其使用语境的可能世界中获得了确切的真值。即对于出现在使用语境 c 中的句子"西尔斯大厦是很高的"而言，如果其所表达的命题"西尔斯大厦［依照判断标准来说］是很高的"在 c 的世界中为真，则（28）为真。

如果我们变换原使用语境中的某个特征而得到新的变况 i，则需在 c 与 i 下重新考察（28）的真值。不过，比较形容词"高的"在不同变况下的指称始终固定地为（28）在 c 中的标准。事实上，我们先是在使用语境 c 中获得比较形容词的判断标准，进而确定了（28）的真值，然后再考虑其在不同变况下的语义值。

三　知识归属词

回顾例（51），当小华说"我知道口袋里有五十五元钱"时，其所表达的命题是"［依照知识归属标准］小华知道口袋里有五十五元钱"，该标准由使用语境 c_1 中小华的意图决定。我们知道，一开始被确定下来的是知识归属的日常标准。这时，"我知道口袋里有五十五元钱"在 c_1 的可能世界中获得了相应的真值。即对于出现在使用语境 c_1 中包含知识归属词的句子"我知道口袋里有五十五元钱"而言，如果其所表达的命题在 c_1 的世界中为真，则"我知道口袋里有五十五元钱"是真的。

而当小华说"我不知道口袋里有五十五元钱"时，其所表达的命题是"［依照知识归属标准］小华不知道口袋里有五十五元钱"，该标准由使用语境 c_2 中小华的意图决定。由于相关选项不断增多，知识归属标准更加严格，因此"我知道口袋里有五十五元钱"在使用语境 c_2 的可能世界中获得了不同的真值。事实上，我们也可将此种情况看作是变换原使用语境 c_1 的特征而获得新变况 i_2 的特例。

第三节 二维语用学视域下的未述成分意义分析

根据塞尔的言语行为论，说出（10）就意味着完成了一个断言行为。[①]由断言类的以言行事行为要点可知，只要佩里的儿子担保并相信天在下雨，且（10）所表达的命题为真，那么这一断言行为就是恰当的。[②]可以说，语力与命题内容共同影响着以言行事行为的恰当性。因此，对于出现在使用语境 c 中包含未述成分的句子 s、说者 e 及断言行为 A 而言，如果 s 所表达的命题 p 在 c 的可能世界中为真，且 e 在 c 中相信并担保 p，那么 A 就是恰当的。从这一点上来看，由于变元论、关联论、基本字面意义论均在一定程度上混淆了话语的语用值与语义值，因而它们都是错误的。

此外，上述断言行为还可能在其他变况中获得有别于

[①] 塞尔将以言行事行为划分为断言类、指令类、承诺类、表达类和宣告类五种。由于篇幅所限，本部分的讨论仅围绕断言类以言行事行为展开。

[②] J. R. Searle, *Speech Acts: An Essay in Philosophy of Language*, Cambridge: Cambridge University Press, 1969, p. 23.

使用语境的语用值。在这种情况下，对于使用语境 c（其中又包含未述成分的句子 s、说者 e 及断言行为 A）与变况 i 而言，如果 s 所表达的命题 p 在 c 的可能世界与 i 下为真，e 在 c 中相信并担保 p，那么 A 就是恰当的。从这一点上来看，由于变况相对论和评判相对论均忽略了 s 中未述成分的直接指称性，认为其会随赋值变况或评判语境而变，因而它们都是错误的。

下面我们将在未述成分的二维语用学框架下，对包含量词、比较形容词、知识归属词话语的语用值做出分析。

一　量词

从使用语境的维度看，如果"每个瓶子都是空的"所表达的命题"每个［小磊家中的］瓶子都是空的"在 c 的世界中为真，且小磊在 c 中相信并担保该命题，那么他的断言就是恰当的。当然，如果变换原使用语境中的某个特征而得到新的变况 i，我们则需重新考察"每个瓶子都是空的"的语用值。即如果其所表达的命题在 c 和 i 中为真，且小磊在 c 中相信并担保该命题，那么他的断言就是恰当的。

二　比较形容词

从使用语境的维度看，如果"西尔斯大厦是很高的"

所表达的命题"西尔斯大厦［依照判断标准来说］是很高的"在 c 的世界中为真，且说者小轩在 c 中相信并担保该命题，那么她的断言就是恰当的。当然，如果变换原使用语境中的某个特征而得到新的变况 i，我们则需重新考察"西尔斯大厦是很高的"的语用值。即如果其所表达的命题在 c 和 i 中为真，且小轩在 c 中相信并担保该命题，那么她的断言就是恰当的；而如果其所表达的命题在 c 和 i 中为假，即使小轩在 c 中相信并担保该命题，那么她的断言也将被认为是不恰当的。

三 知识归属词

从使用语境的维度看，如果"我知道口袋里有五十五元钱"所表达的命题"［依照知识归属标准］小华知道口袋里有五十五元钱"在 c_1 的世界中为真，且小华在 c_1 中相信并担保该命题，那么他一开始做出的断言就是恰当的。由于相关选项不断增多，知识归属标准也相应地提高。鉴于此，如果"我不知道口袋里有五十五元钱"所表达的命题"［依照知识归属标准］小华不知道口袋里有五十五元钱"在 c_2 的世界中为真，且小华在 c_2 中相信并担保这一命题，那么他随后的断言也是恰当的。

事实上，我们也可将后一种情况看作变换原使用语境

c_1 的特征而获得新变况 i_2 的特例。此时，如果"我知道口袋里有五十五元钱"所表达的命题在 c_1 与 i_2 下为假，即使小华在 c_1 中相信并担保这一命题，他的断言也会被看作不恰当的。正是出于这个原因，小华才会将其撤回。

第四节 结语

在本节中，我们将回顾变元论、最小论、关联论、基本字面意义论、含义论、变况相对论、评判相对论各自存在的问题，进而表明二维语义论与二维语用论是更加合理的未述成分意义分析框架。

就变元论而言，我们曾指出：第一，约束论证并不可靠，变元论者既混淆了复杂句与简单句，又混淆了"可被约束"与"实际被约束"；第二，变元论会导致过分生成不必要变元的问题；第三，变元论者需划定究竟哪些表达式的指称内容会在永恒意义的影响下受制于说者意图，并指明这些表达式的永恒意义是什么。

就最小论而言，我们曾指出：第一，三项测试既不是判断语境敏感性的充分条件，也非必要条件，最小论者并没有找到区分语境敏感性的恰当性标准；第二，最小论者谈论的共有内容只能是句法层面（而非语义层面的），因为语义内容会受到说者意图的影响，进而随语境的变化而改变；第三，最小论给出的字面成真条件过于抽象，既然它们没有确定任何真值，也就无法将那些满足成真条件的世界与不满足成真条件的世界区分开来。

就关联论而言，我们曾指出：第一，既然语用加工进程既作用于明意，又作用于隐意，明意与隐意的获取又是并行的，这就意味着二者的界限相当模糊；第二，自由充实与概念扩补等语用加工进程同样会导致过分生成问题；第三，关联论者无法既肯定意图和回溯推理在意义理解中的作用，又否认输入（话语）与输出（说者意义）之间的理性联系及说者意义的反思性特征。

就基本字面意义论而言，我们曾指出：第一，可选论证存在问题，它并不能作为区分 A 类未述成分与 B 类未述成分的标准；第二，基本字面意义论无法既保留对双层加工进程的区分，又对基本字面意义与引申意义之间并行、共时的互动过程做出合理说明；第三，一旦承认间接语用加工进程是隐性的、倾向性的，那么基本字面意义论者就很难将其与联想的、亚个体性的直接语用加工进程区分开来。

就含义论而言，我们曾指出：第一，巴赫关于"交流意图不是语用语境的构成部分"的论断值得商榷；第二，含义论只可能在以言表意层面（而非以言行事层面）捍卫纯粹语义学意义上的所言之义；第三，既然以言表意层面的言义由语义释义决定，而语义释义仅与语言知识相关，那么就不应在这一层面预设语义意图概念，因为一旦允许意图进入到语义语境，含义论者就无法捍卫纯粹语义学意义上的所言之义了。

就变况相对论而言，我们曾指出：第一，由于变况相对论认为命题的真值并非被可能世界变况所唯一确定，那么就要求其重新对命题做出界定；第二，在视角规范下，演绎有效性将变成一个相对概念；第三，变况相对论者未对断定这种以言行事行为与相信这种心理状态加以区分，也未将以言行事行为（或心理状态）与其命题内容进行区分。因此，他们无法纯粹地探讨 B 类未述成分相对于不同个体（或视角等）而具有的语义值。

就评判相对论而言，我们曾指出：第一，评判相对论为厘定"在使用语境与评判语境下为真"的意义而提出的断言和撤回承诺存在问题；第二，评判相对论并没有找到适用于评判敏感词的规范性条件；第三，对评判语境层级的划分意味着评判相对论必须接受变况相对论的基本观点，这违背了麦克法兰的初衷。

然而我们发现，在二维语义学和二维语用学的视域下：第一，由于我们将卡普兰的直接指称论引入未述成分的意义分析，进而厘定了说者意图与指称内容的关系——说者意图在使用语境中确定了未述成分的指称内容，但本身并不具任何语义价值，也不作为命题成分进入句子的成真条件，因此既避免了变元论与关联论所面临的过分生成问题，又不会因空泛的字面成真条件而陷入与最小论类似的困境之中。第二，由于我们主张以奥斯汀和塞尔的言语行为论为基本分析框架，从命题内容和以言行事行为两个层面展开对未述成分的意义分析，因而无须像关联论、基本字面意义论和含义论那样亟须阐明听者在以言取效行为层面所采用的话语理解策略并对语用加工的不同层级做出界定；第三，由于我们指出命题内容和以言行事行为分别具有不同的语义值和语用值，一方面主张沿用卡普兰的二维语义论框架，一方面提出一种新的二维语用论框架，因而既无须重新界定命题及演绎有效性，也无须修正达米特的真之规范及麦克法兰的断言与撤回承诺。

总而言之，未述成分的二维语义论与二维语用论能够解决已知的关于未述成分意义分析的大多数难题。从未述成分的语义分析角度看，二维语义论框架优于变元论、最小论和变况相对论；从未述成分的语用分析角度看，二维语用论框架优于关联论、基本字面意义论、含义论和评判相对论。

参考文献

K. Bach, "Intentions and Demonstrations", *Analysis*, Vol. 52, No. 3, 1992.

K. Bach, "Conversational Impliciture", *Mind & Language*, Vol. 9, No. 2, 1994.

K. Bach, "Quantification, Qualification and Context: A Reply to Stanley and Szabó", *Mind and Language*, Vol. 15, No. 2/3, 2000.

K. Bach, "You Don't Say?", *Synthese*, Vol. 128, No. 1/2, 2001.

K. Bach, "Context ex Machina", in Z. G. Szabó ed., *Semantics versus Pragmatics*, Oxford: Oxford University Press, 2005.

K. Bach, "Impliciture vs Explicature: What's the Difference?", in B. Soria & E. Romero eds. , *Explicit Communication: Robyn Carston's Pragmatics*, London: Palgrave Macmillan, 2010.

K. Bach, "Saying, Meaning and Implicating", in K. Allan & K. M. Jaszczolt eds. , *The Cambridge Handbook of Pragmatics*, Cambridge: Cambridge University Press, 2012.

J. Barwise & J. Perry, *Situations and Attitudes*, Cambridge: MIT Press, 1983.

E. Borg, *Minimal Semantics*, Oxford: Clarendon Press, 2004.

E. Borg, "Saying What You Mean: Unarticulated Constituents and Communication", in R. Elugardo & R. Stainton eds. , *Ellipsis and Non-sentential Speech*, Dordrecht: Springer, 2005.

H. Cappelen, "Creative Interpreter: Content Relativism and Assertion", *Philosophical Perspectives*, Vol. 22, No. 2, 2008.

H. Cappelen, "Content Relativism and Semantic Blindness", in M. García-Carpintero & M. Kölbel eds. , *Relative Truth*, New York: Oxford University Press, 2008.

H. Cappelen & E. Lepore, "On an Alleged Connection between Indirect Speech and the Theory of Meaning", *Mind and Language*, Vol. 12, No. 3/4, 1997.

H. Cappelen & E. Lepore, "Indexicality, Binding, Anaphora and A Priori Truth", *Analysis*, Vol. 62, No. 4, 2002.

H. Cappelen & E. Lepore, *Insensitive Semantics: A Defense of Speech Act Pluralism and Semantic Minimalism*, Oxford: Blackwell Publishing, 2005.

H. Cappelen & E. Lepore, "Shared Content", in E. Lepore & B. Smith eds., *Oxford Handbook of Philosophy of Language*, Oxford: Oxford University Press, 2006.

H. Cappelen & E. Lepore, "Replies", *Philosophy and Phenomenological Research*, Vol. 73, No. 2, 2006.

H. Cappelen & E. Lepore, "The Myth of Unarticulated Constituents", in M. O'Rourke & C. Washington eds., *Situating Semantics: Essays on the Philosophy of John Perry*, Cambridge: MIT Press, 2007.

H. Cappelen & J. Hawthorne, *Relativism and Monadic Truth*, Oxford: Oxford University Press, 2009.

R. Carston, "Implicature, Explicature and Truth – theoretic Semantics", in R. Kempson ed., *Mental Representations: the Interface between Language and Reality*, Cambridge: Cambridge University Press, 1988.

R. Carston, *Thoughts and Utterances: the Pragmatics of Explic-*

it Communication, Oxford: Blackwell, 2002.

R. Carston, "Linguistic Meaning, Communicated Meaning and Cognitive Pragmatics", *Mind and Language: Special Issue on Pragmatics and Cognitive Science*, Vol. 17, No. 1/2, 2002.

R. Carstonz, "Relevance Theory and the Saying/Implicating Distinction", in L. Horn & G. Ward eds., *Handbook of Pragmatics*, Oxford: Blackwell, 2004.

R. Carston, "How Many Pragmatic Systems are There", in M. Frápolli ed., *Saying, Meaning, Referring: Essays on François Recanati's Philosophy of Language*, London: Palgrave Macmillan, 2007.

R. Carston, "Linguistic Communication and the Semantics/Pragmatics Distinction", *Synthese*, Vol. 165, No. 3, 2008.

R. Carston, "Explicit Communication and 'Free' Pragmatic Enrichment", in B. Soria & E. Romero eds., *Explicit Communication: Robyn Carston's Pragmatics*, London: Palgrave Macmillan, 2010.

L. Clapp, "Three Challenges for Indexicalism", *Mind and Language*, Vol. 27, No. 4, 2012.

M. Crimmins, *Talk about Belief*, Cambridge: The MIT Press, 1992.

D. Davidson, "Truth and Meaning", *Synthese*, Vol. 17, No. 1, 1967.

A. Egan, "Epistemic Modals, Relativism and Assertion", *Philosophical Studies*, Vol. 133, No. 1, 2007.

A. Egan, "Billboards, Bombs, and Shotgun Weddings", *Synthese*, Vol. 166, No. 2, 2009.

A. Egan, J. Hawthorne, B. Weatherson, "Epistemic Modals for Context", in G. Preyer & G. Peter eds., *Contextualism in Philosophy: Knowledge, Meaning and Truth*, Oxford: Oxford University Press, 2005.

G. Frege, "The Thought: A Logical Inquiry", *Mind*, Vol. 65, No. 1, 1918.

H. P. Grice, "Meaning", *The Philosophical Review*, Vol. 66, No. 3, 1957.

H. P. Grice, "Logic and Conversation", in P. Cole & J. L. Morgan eds., *Syntax and Semantics, volume 3: Speech Acts*, New York: Academic Press, 1975.

J. Hawthorne, "Testing for Context – Dependence", *Philosophy and Phenomenological Research*, Vol. 73, No. 2, 2006.

D. Kaplan, "Demonstratives: An Essay on the Semantics, Logic, Metaphysics, and Epistemology of Demonstratives and

Other Indexicals", in J. Almog, J. Perry and H. Wettstein eds., *Themes from Kaplan*, New York: Oxford University Press, 1977.

D. Kaplan, "Afterthoughts", in J. Almog, J. Perry and H. Wettstein eds., *Themes from Kaplan*, New York: Oxford University Press, 1989.

M. Kölbel, "Faultless Disagreement", *Proceedings of the Aristotelian Society*, Vol. 104, No. 1, 2004.

M. Kölbel, "Indexical Relativism versus Genuine Relativism", *International Journal of Philosophical Studies*, Vol. 12, No. 3, 2004.

M. Kölbel, "An Argument for Relativism", *Think*, Vol. 5, 2007.

M. Kölbel, "'True' as Ambiguous", *Philosophy and Phenomenological Research*, Vol. 77, No. 2, 2008.

M. Kölbel, "Motivations for Relativism", in M. García-Carpintero & M. Kölbel eds., *Relative Truth*, New York: Oxford University Press, 2008.

M. Kölbel, "The Evidence for Relativism", *Synthese*, Vol. 166, No. 2, 2009.

J. King & J. Stanley, "Semantics, Pragmatics and the Role of Semantic Content", in Z. Szabó ed. , *Semantics versus Pragmatics*, Oxford: Oxford University Press, 2005.

P. Lasersohn, "Context Dependence, Disagreement, and Predicates of Personal Tastes", *Linguistics and Philosophy*, Vol. 28, No. 6, 2005.

P. Lasersohn, "Quantification and Perspective in Relativist Semantics", *Philosophical Perspectives*, Vol. 22, No. 1, 2008.

P. Lasersohn, "Non – World Indices and Assessment – Sensitivity", *Inquiry*, Vol. 56, No. 2/3, 2013.

E. Lepore & A. Sennet, "Saying and Agreeing", *Mind & Language*, Vol. 25, No. 5, 2010.

S. Leslie, "Moderately Sensitive Semantics", in G. Preyer & G. Peter eds. , *Context – Sensitivity and Semantic Minimalism: New Essays on Semantics and Pragmatics*, Oxford: Oxford University Press, 2007.

S. Levinson, *Pragmatics*, Cambridge: Cambridge University Press, 1983.

D. Lewis, "Scorekeeping in a Language Game", *Journal of Philosophical Logic*, Vol. 8, No. 1, 1979.

D. Lewis, "Index, Context and Content", in S. Kanger & S. Öhman eds. , *Philosophy and Grammar*, Dordrecht:

Reidel Publishing Company, 1980.

J. MacFarlane, "Making Sense of Relative Truth", *Proceedings of the Aristotelian Society*, Vol. 105, No. 3, 2005.

J. MacFarlane, "The Assessment Sensitivity of Knowledge Attributions", in T. S. Gendler & J. Hawthorne eds., *Oxford Studies in Epistemology*, New York: Oxford University Press, 2005.

J. MacFarlane, "Nonindexical Contextualism", *Synthese*, Vol. 166, No. 2, 2009.

J. MacFarlane, "Relativism", in G. Russell & D. G. Fara eds., *The Routledge Companion to Philosophy of Language*, New York: Routledge, 2012.

J. MacFarlane, *Assessment Sensitivity: Relative Truth and its Application*, New York: Oxford University Press, 2014.

L. Marti, "Unarticulated Constituents Revisited", *Linguistics and Philosophy*, Vol. 29, No. 2, 2006.

M. Montminy, "Contextualism, Relativism, and Ordinary Speakers' Judgments", *Philosophical Studies*, Vol. 143, No. 3, 2009.

S. Neale, "Paul Grice and the Philosophy of Language", *Linguistics and Philosophy*, Vol. 15, No. 5, 1992.

J. Perry, "Frege on Demonstratives", *The Philosophical Review*,

Vol. 86, No. 4, 1977.

J. Perry, "Thought without Representation", *Proceedings of the Aristotelian Society Supplementary*, Vol. 60, 1986.

J. Perry, "Indexicals and Demonstratives", in B. Hale & C. Wright eds., *A Companion to the Philosophy of Language*, Oxford: Blackwell, 1997.

J. Perry, "Indexicals, Contexts, and Unarticulated Constituents", *Proceedings of the 1995 CSLI – Amsterdam Logic, Language, and Computation Conference*, Stanford: CSLI Publications, 1998.

D. Raffman, "Relativism, Retraction, and Evidence", *Philosophy and Phenomenological Research*, Vol. 92, No. 1, 2016.

F. Recanati, "The Alleged Priority of Literal Interpretation", *Cognitive Science*, Vol. 19, No. 2, 1995.

F. Recanati, "What is Said", *Synthese*, Vol. 128, No. 1/2, 2001.

F. Recanati, "Literal/Nonliteral", *Midwest Studies in Philosophy*, Vol. 25, No. 1, 2001.

F. Recanati, "Unarticulated Constituents", *Linguistics and Philosophy*, Vol. 25, No. 3, 2002.

F. Recanati, *Literal Meaning*, Cambridge: Cambridge University Press, 2004.

F. Recanati, "It Is Raining (Somewhere)", *Linguistics and Philosophy*, Vol. 30, No. 1, 2005.

F. Recanati, "Crazy Minimalism", *Mind and Language*, Vol. 21, No. 1, 2006.

F. Recanati, "Recanati's Reply to Carston", in M. Frápolli ed., *Saying, Meaning, Referring: Essays on François Recanati's Philosophy of Language*, London: Palgrave Macmillan, 2007.

F. Recanati, *Truth Conditional Pragmatics*, Oxford: Clarendon Press, 2010.

M. Reimer, "Do Demonstrations Have Semantic Significance", *Analysis*, Vol. 51, No. 4, 1991.

J. R. Searle, *Speech Acts: An Essay in Philosophy of Language*, Cambridge: Cambridge University press, 1969.

D. Sperber & D. Wilson, *Relevance: Communication and Cognition (2nd edition)*, Oxford: Blackwell, 1995.

J. Stanley, "Context and Logical Form", *Linguistics and Philosophy*, Vol. 23, No. 4, 2000.

J. Stanley, "Making It Articulated", *Mind and Language*,

Vol. 17, No. 1/2, 2002.

J. Stanley, "On a Case for Truth – Relativism", *Philosophy and Phenomenological Research*, Vol. 92, No. 1, 2016.

J. Stanley, "Review of Robyn Carston's *Thoughts and Utterances*", *Mind and Language*, Vol. 20, No. 3, 2005.

J. Stanley & Z. G. Szabó, "On Quantifier Domain Restriction", *Mind and Language*, Vol. 15, No. 2, 2000.

P. F. Strawson, "Intention and Convention in Speech Acts", *The Philosophical Review*, Vol. 73, No. 4, 1964.

P. Sweeney, "The Utility of Content – Relativism", *Dialectica*, Vol. 68, No. 4, 2014.

Z. G. Szabó, "Adjectives in Context", in R. M. Harnish & I. Kenesei eds., *Perspective on Semantics, Pragmatics, and Discourses*, Amsterdam: Benjamins, 2000.

K. Taylor, "Sex, Breakfast and Descriptus Interruptus", *Synthese*, Vol. 128, No. 1/2, 2001.

K. Taylor, "A Little Sensitivity Goes a Long Way", in G. Preyer & G. Peter eds., *Context – Sensitivity and Semantic Minimalism: New Essays on Semantics and Pragmatics*, Oxford: Oxford University Press, 2007.

C. Travis, "On Constraints of Generality", *Proceedings of the*

Aristotelian Society, Vol. 94, No. 1, 1994.

D. Wilson & D. Sperber, "On Grice's Theory of Conversation", in P. Werth ed., *Conversation and Discourse*, London: Croom Helm, 1981.

D. Wilson & D. Sperber, "Representation and Relevance", in R. Kempson ed., *Mental Representations: the Interface between Language and Reality*, Cambridge: Cambridge University Press, 1988.

D. Wilson & D. Sperber, "Truthfulness and Relevance", *Mind*, Vol. 111, No. 443, 2002.

D. Wilson & D. Sperber, "Relevance Theory", in L. Horn & G. Ward eds., *Handbook of Pragmatics*, Oxford: Blackwell, 2004.

Z. Ying, "What if Sensitive Expressions Meet Semantic Minimalism" (Review of G. Preyer and G. Peter eds., *Context-Sensitivity and Semantic Minimalism: New Essays on Semantics and Pragmaitcs*), *Protosociology*, http://www.protosociology.de/Reviews/ProtoSociology - R - Zhang_ Preyer_ Peter.pdf, 2011.

黄益民：《二维语义学及其认知内涵概念》，《哲学动态》2007年第3期。

任远：《指示词与直接指称理论》，《学术研究》2015 年第 5 期。

夏年喜：《指示词逻辑——从卡普兰的 LD 到勒杜列斯库的 LI》，《哲学动态》2016 年第 2 期。

叶闯：《对直觉语义不完全语句的一种流行释义的质疑》，《世界哲学》2017 年第 1 期。

英汉术语对照表

B

饱和（saturation）

背景（background）

变况（circumstance）

赋值变况（circumstance of evaluation）

认识变况（epistemic circumstance）

变元（variable）

隐藏变元（covert variable）

变址（index）

表征（representation）

语言表征（linguistic representation）

比较类（comparison class）

C

撤回（retract）

成真条件（truth condition）

字面成真条件（literal truth condition）

直观成真条件（intuitive truth condition）

错配（mismatch）

F

发生性的（occurrent）

反思性的（reflective）

复调（polyphonic）

赋值（evaluation）

赋值点（point of evaluation）

G

概念（concept）

概念成分（conceptual constituent）

概念填补（conceptual fill in）

概念调节（concept adjustment）

个体（individual）

个体性的（personal）

巩固（strengthen）

共同描述测试（collective description test）

构成性地（constitutively）

规定性语言（prescriptive language）

过分生成（over-generate）

H

含义（impliciture）

合式的（well-formed）

合作原则（cooperative principle）

后语义学（post-semantics）

话语（utterance）

会话记录（conversational record）

会话四则（conversational maxims）

J

基本集（the basic set）

即时的（on-line）

技艺（repertoire）

假二难谬误（false dichotomy）

角色（role）

局部的（local）

句法结构（syntax structure）

具体的（domain-specific）

句子（sentence）

K

可变换的（shiftable）

可选的（optional）

可选论证（optionality argument）

跨语境引用测试（inter-contextual disquotational test）

跨语境引用间接转述测试（inter-contextual disquotational indirect report test）

扩展（expansion）

L

类型（type）

离心的（exocentric）

联想的（associative）

量词域（quantifier domain）

逻辑形式（logical form）

描述型的（descriptive）

修正型的（revisionary）

M

敏感性（sensitivity）

评判敏感性（assessment sensitivity）

名词性要素（pronominal element）

明意（explicature）

命题（proposition）

    命题残缺（propositional radical）

    命题函数（propositional function）

    命题内容（propositional content）

    地点中立的命题（location neutral proposition）

    骨架命题（skeletal proposition）

    自主命题（discretionary proposition）

模块（modular）

N

内容（content）

    共有内容（shared content）

    心理内容（psychological content）

    言语行为内容（speech act content）

    指称内容（referential content）

    最小语义内容（minimal semantic content）

P

评判（assessment）

    更高阶的评判（higher-order assessment）

品味标准（standard of taste）

Q

乞求论题（beg the question）

恰当的（appropriate）

恰当性（appropriateness）

欠确定的（underdeterminate）

强制的（mandatory）

倾向性的（dispositional）

全面的（global）

R

认识模态（epistemic modal）

认知范围（cognitive reach）

认知性地（epistemically）

S

实例（token）

视角（perspective）

释义（interpretation）

   语义释义（semantic interpretation）

世界（world）

   中心化的世界（centered world）

实在结构（real structure）

受者（audience）

顺应（accommodation）

说者（speaker）

所发之音（what is articulated）

所含之义（what is implicited）

所交流之意（what is communicated）

所说之话（what is uttered）

所言之义（what is said）

索引词（indexical）

    纯粹索引词（pure indexical）

    隐藏索引词（hidden indexical）

    索引性（indexicality）

所隐之义（what is implied）

T

特征（character）

调适（modulation）

听者（hearer）

同音（unisono）

投射行为（projection）

推理（inference）

    回溯推理（backward inference）

    溯因推理（abductive inference）

    语用推理（pragmatic inference）

凸显的（salient）

拓宽（broaden）

脱时的（timeless）

脱时个人语言意义（timeless idiolect-meaning）

W

完形（completion）

未来可能（future contingent）

未述成分（unarticulated constitute）

无错分歧（faultless disagreement）

X

辖域（scope）

 辖域原则（scope principle）

显明的、显性的（explicit）

相对论（relativism）

 内容相对论（content relativism）

 真值相对论（truth relativism）

详述（development）

协调（coordination）

心理实在性（psychological reality）

Y

亚个体性的（subpersonal）

言语行为（speech act）

间接言语行为（indirect speech act）

依赖（dependence）

 语境依赖（context-dependence）

 变址依赖（index-dependence）

意图（intention）

 交流意图（communicative intention）

 心中意图（have-in-mind intention）

 语义意图（semantic intention）

 指称意图（referential intention）

 指向意图（directing intention）

以言表意行为（locutionary acts）

以言行事行为（illocutionary acts）

以言取效行为（perlocutionary acts）

意义（meaning, sense）

 场合意义（occasion meaning）

 恒定意义（standing meaning）

 基本字面意义（primary literal meaning）

 类型字面意义（type-literal meaning）

 引申意义（secondary meaning）

 语言意义（language meaning, linguistic meaning）

 永恒意义（standing meaning）

意义细化（sense elaboration）

意义延伸（sense extension）

隐性的（tacit）

隐意（implicature）

 会话隐意（conversational implicature）

 习规隐意（conventional implicature）

有意识的（conscious）

语境（context）

 目标语境（target context）

 评判语境（context of assessment）

 释义语境（context of interpretation）

 使用语境（context of use）

 叙事语境（storytelling context）

 语境敏感性（context sensitivity）

 语境依赖性（context dependence）

 语境转换论证（context shifting argument）

语力（illocutionary force）

语义（semantic）

 语义表征（semantic representation）

 语义怀疑论（semantic skepticism）

 语义价值（semantic significance）

语义释义（semantic interpretation）

语义图式（semantic schema）

语义最小论（semantic minimalism）

语用（pragmatic）

语用充实（pragmatic enrichment, pragmatic flesh out）

强语用作用（strong pragmatic effect）

弱语用作用（weak pragmatic effect）

间接语用加工进程（secondary pragmatic process）

直接语用加工进程（primary pragmatic process）

约束（binding）

约束论证（binding argument）

可被约束（bindability）

域限制（domain restriction）

约定（convention）

Z

值（value）

真值（truth value）

真值可评价（truth-evaluable）

真值语用论（truth-conditional pragmatics）

指称（reference）

指示词（demonstrative）

真正指示词（true demonstrative）

指示动作（demonstration）

中心的（autocentric）

准确性（accuracy）

自动的（automatic）

自上而下（top – down）

自下而上（bottom – up）

自由充实（free enrichment）

组合原则（rule of composition）

中西人名对照表

奥斯汀（J. L. Austin）

巴赫（K. Bach）

博格（E. Borg）

崔维斯（C. Travis）

戴维森（D. Davidson）

弗雷格（G. Frege）

格赖斯（H. P. Grice）

霍桑（J. Hawthorne）

卡佩伦（H. Cappelen）

卡普兰（D. Kaplan）

卡斯顿（R. Carston）

克尔贝尔（M. Kölbel）

克利明斯（M. Crimmins）

莱夫曼（D. Raffman）

莱斯莉（S. Leslie）

莱瑟森（P. Lasersohn）

莱文森（S. Levinson）

勒珀（E. Lepore）

雷卡纳蒂（F. Recanati）

路易斯（D. Lewis）

罗素（B. Russell）

马蒂（L. Marti）

麦克法兰（J. MacFarlane）

蒙特米尼（M. Montminy）

尼尔（S. Neale）

佩里（J. Perry）

乔姆斯基（N. Chomsky）

瑞茉（M. Reimer）

萨博（Z. G. Szabó）

塞尔（J. R. Searle）

斯珀博（D. Sperber）

斯坦利（J. Stanley）

斯特劳森（P. F. Strawson）

斯托内克尔（R. Stalnaker）

泰勒（K. Taylor）

威尔逊（D. Wilson）

维特根斯坦（L. Wittgenstein）

伊根（A. Egan）

后　　记

在我的电脑里，一直静悄悄地躺着一个创建于2010年的名为UC的文件夹，当然，这既不是浏览器的名称，也不是某大学的简称，而是本书的研究对象——未述成分。

虽然一直对这一话题感兴趣，但当年并没有选取它作为博士论文的写作方向。好在工作以后，有幸获得国家社科基金青年项目"隐藏索引词理论前沿研究"和"华中科技大学人文社科青年教师学术导师项目"的支持，让我有了清空愿望单的机会。

本书初稿完成于三年前，之后因生活琐事羁绊，研究工作一度搁置，后又转向早产儿家庭干预与护理、婴幼儿睡眠与喂养等其他领域。如今，每每回忆起那些坐在我科图书馆专心致志、奋笔疾书的时光，都会觉得酣畅、惬意又珍贵。

今天是武汉封城的第48天,人们说留守的900万武汉人有900万种心碎,而在这些日子里重拾书稿的我,又寻回了内心深处的那片宁静。

2020年3月10日